KB202407

전고운 시나리오집

집이 없는 게 아니라 여행 중인 거야

비단숲

"나는 오갈 데가 없는 게 아니라,
잠시 어떤 이유들로 여행 중인 거야."

작가의 말

처음 〈소공녀〉의 시나리오 출판 제의를 받고 망설였습니다.
운 좋게 영화가 완성되어 관객을 만나게 됐는데, 혹여나 영화를
좋게 보신 분들이 시나리오를 읽고 실망하시지는 않으실까 하는
걱정이 들었습니다.
하지만 영화를 준비하시는 분들이나 관객분들이 제 시나리오를
읽고 희망과 용기를 가지실 수도 있겠다 싶어 출판을 결심하게
되었습니다.

이 책에 실린 시나리오는 소공녀 촬영 버전으로, 모든 스태프와
배우들이 이 글을 기준으로 〈소공녀〉를 만들었습니다. 완성된 영화와
처음과 끝을 포함하여 상당 부분이 달라서 둘을 비교해가며 보시면
다양한 재미를 느끼시지 않을까 추측해봅니다. 그리고 영화에 있어
편집의 힘이 얼마나 큰 지 느끼실 수 있는 기회가 될 것입니다.

월세는 없어도 하고 싶은 일을 하는 사람들,
담배를 사랑하거나 사랑했던 사람들,
사는 게 바빠서 흩어진 친구를 그리워하는 사람들에게
춥고 고달픈 이 세상에서 만난 게 그래도 반갑다는 말이 하고 싶어서
시작한 영화입니다.

세상은 비싸고,
좋아했던 것들은 모두 사라지지만,
부디 여러분 모두에게 미소가 함께 하길 바라며.

2018년 4월 9일 〈소공녀〉 감독 전고운 드림.

일러두기

- 이 책의 편집은 전고운 작가의 시나리오 집필 형식을 존중하여
  최대한 원본에 따랐습니다.
- 영화 대사는 구어체이므로, 한글 맞춤법과 다른 부분이라 해도
  그 표현을 최대한 살렸습니다.
- 말줄임표는 두 개, 세 개 등으로 다양하게 표현되어 있습니다.
  이는 대사 시 호흡의 양을 다양하게 표현하고자 한 작가의 의도를
  반영한 결과입니다.
- 쉼표, 마침표, 말줄임표 등과 같은 구두점과
  대사의 행갈이 방식 또한 작가의 의도를 반영하였습니다.
- 이 책에 실린 시나리오는 촬영 버전으로, 완성된 영화와
  다른 부분이 포함되어 있습니다.

차례

시나리오 용어 정리

컷투(Cut to)

장면 전환의 기법으로, 같은 장소에서 시간경과를 나타내는데 사용한다. 하나의 장면에서 다른 장면으로 아무런 효과 없이 넘어갈 때도 쓰며, 두 장소를 번갈아가며 보여줄 때도 쓴다.

E(Effect)

효과음. 주로 화면 밖에서의 음향이나 대사에 의한 효과를 말한다.

페이드(Fade)

영상이 천천히 어두워져 암전이 되거나, 암전 상태에서 천천히 밝아져 영상이 나타나게 하는 장면 전환 기법이다. 영상이 천천히 사라져 가는 것을 페이드 아웃(F.O), 그 반대를 페이드 인(F.I)이라 한다.

플래시컷(F.C)

화면과 화면 사이에 들어가는 순간적인 장면. 극적인 인상이나 충격 효과를 주기 위해 삽입되는 짧은 화면을 지칭한다. 시간을 압축해 긴박감을 고조시키거나 인물의 주관적인 생각을 보여주기 위해 자주 사용된다.

인서트(Ins Insert)

특정 동작이나 상황을 강조하기 위해 삽입한 화면이다. 인서트를 삽입함으로써 상황이 명확해지고 전체 장면을 훨씬 더 생생하게 표현할 수 있다. 보통 클로즈업해 장면과 장면 사이에 끼워 넣는다.

점프 컷(Jump cut)

서로 다른 카메라 위치에서 촬영된 장면을 연결하여 급격한 장면전환을 통해 연속성을 깨뜨리는 편집 방식이다. 점프컷은 통해서 피사체가 갑자기 등장하거나 사라질 수 있으며 시공간을 재배치하는 효과도 낼 수 있다.

몽타주(Montage)

필름 편집의 기술로 여러 가지의 장면을 한데 배합하여 일시적으로 보여주는 기법이다.

O.L(over-lap)

앞 장면의 끝부분과 다음 장면의 첫머리를 겹치게 하는 것, 또는 두 사람이나 여러 사람이 대화할 때 한 사람의 대사가 끝나기 전에 상대방의 대사가 먼저 나와 대사가 서로 맞물리고 겹치는 것.

오버숄더 샷(O. S : Over the shoulder shot)

인물의 어깨너머로 다른 배우의 미디어 샷 또는 클로즈업을 보여주는 것을 말한다. 오버숄더 샷은 등장하는 두 인물을 한데 묶고, 대사를 말하거나 듣고 있는 사람에게로 관객의 관심을 집중시킨다.

샷(shot)

영화를 구성하는 가장 기본적인 단어이며 영화 촬영의 최소단위이다. 샷은 일반적으로 영화를 촬영할 때 일체 중단하지 않고 한 번에 촬영된 필름을 말한다.

소공녀

시나리오

0. 오프닝 / 밤

음악과 함께. 까만 배경에 무언가가 느리게 흩날리고 있는 게 보인다.
초점이 맞으면서 그게 눈발이라는 게 드러나고, 춤추듯 빈 곳을
움직이는 눈발들이 한동안 보이며 그 위에 탑 크레딧이 뜬다.

1. 미소 집 복도 / 밤

화면에 네모난 보일러가 보인다.
벽에 붙어있는 그 보일러는 발열을 위해 열심히 윙- 소리를 내고 있다.
카메라 트랙 팬 하면 옆집 벽에 붙은 보일러가 보이는데,
이 집 보일러는 죽은 듯 조용하다.
이때 보일러 바로 옆에 난 문으로 귀마개와 장갑, 목도리 등으로 무장한
미소가 나온다.
추위에 이를 부딪치며 복도에 있는 공동 화장실로 들어가는 미소.
곧 볼일을 보고는 다시 화장실을 나와 나왔던 문 안으로 들어간다.
문밖 신발 두 켤레의 운동화. 모두 해져 있다.

2. 미소 집 안 / 밤

(Jump Cut)
요상한 포즈를 취하고 있는 미소.
그런 미소를 종이 위에 진지한 표정으로 그리고 있는 한솔.
둘 다 난방이 안 돼 냉기가 돌아서 입김이 나오고.

둘이 엎드려서 진지하게 손바닥 뒤집기 놀이를 하고 있다.
둘 다 때릴 때 봐주지 않고 세게 때린다.

미소

아! 진짜 세다.

한솔
진짜지. 가짜는 없어. 빨리 대.

미소
그래? 진짜 하면 또 나지. 가자.

나오는 대사들을 막지 않고 리얼한 게임으로 이어지는 장면.
한솔의 파워에 놀란 미소가 반사적으로 손을 뺀다. 빨개진 미소의 손.
한솔이 미소의 손을 가져가서 입으로 불어준다. 그러다 장난기 어린
눈빛이 어느새 느끼하게 변하는 한솔.

한솔
우리 너무 오래됐는데...

그 말을 들은 미소가 한번 생각하더니.

미소
그러네.

둘이 눈을 한번 마주치고는 각자 입고 있던 외투를 벗고, 상의를
벗는다. 몇 겹을 벗자 내복이 나온다. 내복을 벗으면 미소는 러닝이,
한솔은 맨살이 나온다.
덜덜 떠는 두 사람. 서로 포옹을 시도하는데 한솔이 손으로 미소의
팔뚝을 만지자.

미소
아 차가.

눈빛을 다시 주고받고는.

미소
너무 춥다.

한솔
그래. 너무 춥다. 복귀하자.

그리고 다시 옷을 주섬주섬 챙겨 입는 미소와 한솔.
미소가 손목시계를 확인한다.

미소
열한 시다!

한솔
엇. 가야겠네.

주섬주섬 가방을 챙기는 한솔.

3. 미소 집 현관 앞 / 밤

현관 문턱에 앉아 신발을 신는 한솔. 서서 그것을 바라보는 미소.
이때 한솔이 가방 안에서 귤 봉지를 꺼내 미소에게 건넨다.

미소
웬 귤?

한솔
급식소 아주머니가 챙겨주셨어.

미소
아주머니가 너 좋아하나보다. 감사하다.

한솔
응. 나랑 되게 친해.

미소
귀연놈. 바래다줄게.

함께 나가는 미소와 한솔. 문고리에는 한솔이 주고 간 귤 봉지가
걸려 있다.

4. 소공동 미소 집 계단 / 밤

한솔을 바래다주고 혼자 돌아오는 미소의 모습이 보인다.

Title In 소 공 녀

5. 재경 집 / 낮

햇살이 들어오는 호젓한 거실이 보인다. 거실에 놓인 암체어에 고급
헤드폰을 낀 체 노트북 화면을 들여다보고 있는 재경이 보인다.
(논문 내용: 디자인이 정치적 견해에 미치는 영향)
이때 손에 큰 비닐봉지를 들고 나타나는 미소가 테이블 위에 놓인 콜라
캔과 휴지들을 봉지에 담고, 빈 접시를 들고 화면 밖으로 사라진다.

금수저를 깨끗이 씻고 있는 손.

정돈되는 부엌의 그릇들.
부엌 가스레인지 근처를 빡빡 문지르는 미소의 옆모습.

풀 샷으로 소파에 앉아 있는 재경과 부엌에서 열심히 청소 중인 미소가
보인다.
미소가 거실을 지나 계단을 올라간다.

계단 한 칸 한 칸을 닦는 미소의 모습. 재경이 계단 위로 올라가고.
전동 드릴 박스가 열리고, 그 안에 청소 솔이 꽂혀 있는
전동 드릴을 꺼내는 손이 보인다.
물이 담긴 양동이에 전동 드릴의 솔을 담그고 돌리자
금세 거품이 인다.
화장실 타일을 솔이 달린 드릴로 청소하고 있는 미소의 모습이
보인다. 미소의 전동 드릴이 지나간 자리는 반짝반짝 윤이 난다.

청소를 마친 미소가 드릴을 다시 박스 안에 담고, 앞치마를 벗어 곱게
개어 에코백에 넣는다.
미소가 나갈 채비를 마치고 계단 위로 올라가면, 서재 가운데 요가
매트를 깔고 누워있는 재경이 보인다. 하늘을 보고 누워 있다가 옆으로
누워서 미소를 본다.

재경
다했어?

미소
응.

재경
고생했네. 잠시만.

재경이 일어나 침대 방으로 사라진다.

미소
논문은 잘 써져?

재경(O.S)
아니.

미소
왜?

재경(O.S)
논문은 원래 잘 안 써져.

미소
그렇구나. 하긴 이름만 들어도 어렵다. 논문.

재경(O.S)
쉬운 게 없다.

재경이가 방에서 나와 돈을 준다.

미소
고마워.

재경
아니야. 늘 수고가 많아. 고마워.

미소
글이 안 써지면 잠깐 차나 마실까?

재경
아니야. 너 가면 쓰려구.

미소
그래. 난 얼른 퇴장할 테니 파이팅 해!

미소가 코트를 챙겨 입고, 에코 백을 들고 얼른 신발장 쪽으로
사라지다가 다시 나타난다.

미소
저기... 재경아.

재경
응.

미소
너 쌀 있어?

재경
쌀? 많지. 남는 게 쌀밖에 없어. 엄마가 계속 보내...
미치겠어.

미소
그럼 나 쌀 좀... 집에 쌀이 떨어져서...

재경

그래? 그러지 뭐. 쌀이 떨어질 수도 있구나...

<CUT TO> 부엌

쌀통을 열자 쌀벌레들이 밖으로 날아오른다. 식겁하고 뒤로
나자빠지는 재경. 갑자기 필요 이상으로 화를 낸다.

재경

아이씨, 쌀 좀 보내지 말라니까.
내 맘대로 되는 게 하나도 없어.

미소가 급하게 쌀벌레들을 손으로 휘~휘~ 저으며.

미소

벌레들이 먹는 건 나쁜 거 없어. 잘 씻어 먹음 돼.
내가 다 알아서 할게. 넌 저기 가서 쉬어.

재경이 두 손으로 얼굴을 가린 채, 소파로 힘없이 간다.
조심스럽게 쌀통에서 쌀을 퍼서 검은 봉지에 담는 미소.

6. 동호대교 / 저녁

길거리에 쌀이 일렬로 떨어져 길을 만들고 있다.
그 쌀을 따라가 보면 미소가 들고 있는 검은 쌀 봉지에 구멍이 나 있는
게 보인다.
그것도 모르고 무거운 쌀 봉지를 들고 어디론가 걸어가고 있는 미소.

7. 마로니에 공원 / 저녁

공원에 떨어진 쌀알을 먹고 있는 비둘기들.

미소가 공원을 지나고 있다.

8. 위스키 바 앞 거리 / 밤

긴 쌀이 만든 길을 따라가 보면 불이 환하게 켜진 바 안으로 쌀이
들어가 있다.

9. 위스키 바 / 밤

작은 평수지만 깔끔한 인테리어로 고급스러운 분위기를 연출하고 있는
위스키 바.
한쪽 벽에는 다양한 종류의 위스키병이 전시되어 있고, 정장을
곱게 차려입은 바텐더의 손놀림이 정교하다. 옆에는 대화를 맡고 있는
여자 점원이 보인다.
작고 예쁜 위스키잔에 담겨지는 갈색의 몰트위스키.
미소는 담배를 피우며 천천히 위스키를 한 모금 마시고 깊게 음미한다.
입가에 미소가 번진다.
미소 주변에도 다들 담배를 피우며 술을 즐겁게 마시고 있다.

10. 미소 집 안 / 밤

쌀 봉지를 여는데, 쌀이 거의 없는 걸 보고 놀라는 미소.

<CUT TO>
구운 파와 방울토마토 두 개가 담긴 접시가 테이블(캐리어를 엎어
놓은)에 놓인다.
이를 먹으며 가계부를 적고 있다.

45000원 - 담배(2500원) - 위스키(12000원) = 30500원

그리고 주머니에서 남은 돈 삼만 원을 각각의 통에 나눠서 담는다.

월세 통에 만 원 / 약값 통에 만 원 / 각종 세금 만 오백 원

각 통에는 매일 이렇게 모은 현금이 두둑하다.
돈 정리와 식사를 동시에 마친 미소가 한약 한 봉지를 꺼내어 마시는데
이때 들리는 문 두드리는 소리.
무표정이던 미소 얼굴에 반가움에 화색이 돌고, 얼른 일어나 문으로
달려간다.

                    미소
                  누구세요?

                  주인(S.O)
                  주인이다.

문 열어주는 소리가 들린다.
미소의 목소리는 금방 반가움이 사라진다.

                    미소
                무슨 일이세요?

                  주인(S.O)
             월세를 좀 올려 보려구.

                    미소
               제발 그 말만은...

주인(S.O)

안 돼. 오년 동안 안 올렸잖아. 내 집 주인도 월세를 올린대서
어쩔 수가 없어.

미소

얼마나...

주인(S.O)

내 집 주인은 십만 원 올린다지만, 나는 오만 원만 올려 보려구.

미소

저도 방법을 알아볼게요.

주인(S.O)

그래. 그럼 주인 간다.

미소

네 들어가세요.

문 닫히는 소리와 함께 미소가 방으로 들어온다. 한숨 쉬는 미소.

11. 논현동 미용실 실내 / 낮

다섯 평 남짓한 작고 예쁜 미용실 한쪽 소파에 미소가 다소곳이 앉아
있고, 맞은편 의자를 미소 쪽으로 돌려 머리를 하는 민지가 앉아 있다.
미용사 언니는 말없이 고데기로 민지의 머리를 열심히 말고 있다.

민지

이런 일 많이 해보셨어요?

미소
이 년 됐습니다.

민지
원래 직업이...?

미소
이게 제 직업입니다.

의자를 돌려 미소와 마주 보는 민지.

민지
유니크한 언니네?
아무튼, 귀찮게 해서 미안해요. 나도 귀찮은 손님이 젤 짱 나는 거
알거든. 근데, 내가 사람을 좀... 잘 못 믿어. 저희 집에 아무나
들일 수는 없잖아. 그래서 면접 보고 싶어서 불렀어요.
청소야 누구나 잘 하니까... 난 못하지만. 호호호. 암튼 내가
사람을 많이 대하는 일을 해서 사람을 잘 보거든요.
근데, 언니는...

미소
미소라고 합니다.

민지
미소 씨? 에이 입에 안 붙어. 그냥 언니라 부를게요.
그게 편해서요.

미소
네. 편하실 대로 하세요.

민지

근데, 일단 언니는 완전 합격. 눈에 총기도 있고,
나름 야망도 있고, 입술이 도톰하니 입도 무겁겠네.

미소

저 야망 없는데...

민지

이렇게 사는 게 야망이에요. 입은 무겁죠?

미소

그런 것 같아요. 딱히 말할 상대도 없구요.

민지

그게 제일 중요해. 어쨌든 하나는 맞췄네? 호호호
그럼, 화목토 45000원. 아, 나는 밤에 일하니까 7시 가능해요?

미소

네. 좋습니다.

카드키를 건네는 민지.

민지

언니, 우리 잘 해봐요!

미소

네, 잘할게요.

일을 구해 기쁜 미소, 미소를 짓는다.

12. 강남구 민지 오피스텔 / 밤

민지 집은 강남 한복판의 오피스텔로, 통유리 너머
고층 빌딩들이 보인다.
냉장고, 먹을 게 별로 없다. 황폐하다고나 할까...
굴러다니는 과일과 채소들을 다듬어 한 끼씩 먹을 수 있게
통마다 정리해 담아주는 미소.
화장대 위에는 고가의 화장품들이 비좁을 정도로 많이 놓여 있는데,
숙련된 솜씨로 가지런히 정리한다.
화장대 서랍에는 콘돔과 임신테스트기가 한가득 있다. 그 서랍은
곱게 닫는다.
침대 옆에 있는 재떨이를 비우고 깨끗이 씻고, 커피 가루로
재떨이를 채워준다.
엉망진창인 민지의 드레스 룸을 상의, 하의, 계절, 색깔 별로
차근차근 정리하는 미소.
끈 팬티가 많고, 옷들이 다 화려하다.
다 정리된 드레스 룸은 깨끗함을 넘어 아름답기까지 하다.

13. 위스키 바 / 밤

작은 백설기에 축하 초가 3개 꽂혀 타고 있다. 이윽고 초의 불이 꺼진다.

미소

새해에도 같이 재밌게 잘 보내자.

한솔

새복이 많이 받자.

미소

매번 이렇게 우리한테 일용할 양식을 챙겨주시는

급식소 아주머니께도
복아 많이많이 가거라.

한솔
올해는 아줌마 좀 덜 아프셨으면 좋겠다.

위스키 바에 앉아 있는 미소와 한솔. 둘 앞에 양주잔이 놓여 있다.
한솔이 웃으면서 위스키를 한 잔 마신다. 한솔의 손 한쪽이 붕대로
감겨 있다.

미소
손은 괜찮아?

한솔
불편하지. 근데 이게 또 좋아요. 일을 덜 시키거든.
덕분에 무거운 파이프 좀 덜 들어.

미소
조심해. 영화 보면 공장에서 일하면 무조건 손가락 짤리더라.

한솔
(붕대를 들어 보이며) 당분간은 괜찮아. 아참!

한솔이 가방에서 작은 수첩을 꺼내 미소에게 건넨다.
수첩에는 8컷 만화가 그려져 있다.

미소
오! 드뎌 완성했네?

한솔
오랜만이지? 이번에 웹툰 공모하는데 내려구.

미소
너 진짜 멋있다.

한솔
돼야 멋있지.

미소
오예. 집에 가서 읽어야지.

멋쩍게 배시시 웃는 한솔.

한솔
근데... 여기 비쌀 것 같은데... 이것 봐. 잔도 디게 고급스럽잖아.

미소
괜찮아. 연말이잖아.

한솔
(두리번거리며)
여기 오는 사람들도 다 부르주아 같애.

다른 손님들의 행색이 미소, 한솔과는 확실히 다른 느낌을 풍긴다.

한솔
여기 어떻게 알았어?

미소
여기가 내가 말한 그 술집이야.

한솔
근데 여긴 안주 안 팔아?

미소
응. 초콜렛인가 있긴 한데 엄청 비싸.

한솔
초콜렛이 무슨 안주야?

시무룩해지는 한솔.

미소
우리 한솔이 백설기로 안 되는구나.

한솔
응. 배고파.

미소
그래. 우리 이것만 먹고 나가자. 자, 짠!

멋쩍게 짠-하는 미소와 한솔.

14. 홍대 거리 / 밤

호빵을 나눠 먹으며 걷고 있는 미소와 한솔.
한솔은 전과 다르게 긴장한 모습이 사라져 있고 신나게 떠들고 있다.

한솔
과장님 마음도 이해해. 내가 좀 어리바리하잖아. 자기도
스트레스 많으니까 나한테 이러는 거겠지. 그래도 손 다친 날에는
잘해주셨어. 사람이 다칠 필요도 있는 것 같아.

미소
그런 생각은 집어치워. 과장은 나빠.
니가 이해해줄 필요가 없다구.

한솔
난 다 이해하고 싶어...

미소
존경스럽다. 너나 회사 버티는 사람들 다.
나는 회사 못 버티겠더라. 나랑 안 맞아. 젊고 예쁘다고
남자들은 껄떡대고, 여자들은 흠집 내고.
내가 제일 잘한 일은 회사를 때려치운 일이라고 생각해.

한솔
어느덧 우리 미소도 안 젊으니까 괜찮지 않을까?

미소
그래도 혼자 일하는 게 좋아 난.

한솔
난 니가 좋은 게 좋아.

미소
히히히. 간만에 밖에서 데이트하니까 신난다.

미소가 노래방을 발견하고 뛰어가더니, 노래방 간판 앞에 선다.

미소

야야야야, 우리 노래방 갈까?

한솔

노래방?

미소

응. 안 간지 진짜 오래됐잖아... 연말이고!
이문세 노래 불러줘.

한솔

그거 알아?

미소

뭐?

한솔

연말에 더 돈이 없다는 거.
이번 달에 한 주에 한 명씩 결혼했어. 축의금 내느라 거지 됐어.

미소

내가 있어!

한솔이 손목시계를 확인하면 시계는 11시를 가리키고 있다.

한솔

나도 너랑 놀고 싶은데... 말했다시피 내가 돈이 없어서...

미소
내가 낸다니까.

한솔
아니... 노래방 갔다 오면 차가 끊기잖아. 택시비가 없어.

미소
아... 택시비...

한솔
그래... 택시비...

미소
거기까진 없긴 해 나도.

아쉬운 미소 얼굴. 한솔이 미소의 눈을 마주치며.

한솔
헤어지기 전에 꿀이나 한 대? 꿀꿀?

미소
콜!

둘은 나란히 담배를 꺼내 서로에게 불을 붙여준다.

S.O
네, 다 같이 카운트다운을 세겠습니다. 십, 구.

15. 버스 정류장 / 밤

버스 안 창문으로 미소에게 손을 흔드는 한솔.
밖에서 손을 흔드는 미소.
버스가 떠나자 미소가 돌아선다.

16. 몽타주 / 밤

코트 허리띠를 여미는 미소 홀로 길을 걷고 있다.

S.O
팔. 칠.

구세군 종소리와 함께 따뜻한 연말 느낌 나는 노래가 풍기고,
미소가 지나가는 곳마다
연말연시의 풍경이 지나간다.
연말연시 사은 대행사 입간판들 앞을 지나는 미소.

S.O
육. 오.

고깃집 유리 너머로 위하여~ 위하여~ 건배 소리로 시끌벅적한
정체불명의 회식팀.

S.O
사. 삼.

미소 앞을 지나가는 버스에 붙은 <올 한 해 사랑 감사했습니다>
광고판. 그 버스를 올라타는 미소.

S.O

이. 일.

마지막 소리와 함께 보신각 종소리가 들린다.
화려해진 밤의 거리, 보신각 앞에 모여든 엄청난 인파가 보인다.

17. 편의점 / 밤

편의점 테이블에 '에쎄'가 올라온다.
미소가 2500원을 내밀자.
편의점 사장이 미소를 빤히 쳐다본다. 미소가 무슨 영문인지 몰라 하며
주인을 쳐다본다.

편의점 사장

오늘부로 담뱃값이 2000원 올랐대요. 4500원이래요.

미소가 깜짝 놀라 사장을 쳐다본다.
편의점 사장은 술을 마셔서 코가 빨갛다.

미소

말도 안 돼...

편의점 사장

**미안해요. 내가 올린 건 아닌데, 나도 슬퍼.
언년이 쓸 데 없이 이런 걸 올려...**

미소

아 놔 진짜.

편의점 사장

알아 그 마음.

미소가 주머니를 확인한다. 주머니에는 1500원이 남아있다.

미소

제가 이걸 방금 알아서... 4000원밖에 없어요...

코가 빨간 채로 아래를 쳐다 보는 사장이 어딘가 슬퍼 보인다.

편의점 사장

그래... 다행히도 4000원 짜리 담배가 있어.

미소

그거 주세요.

주인이 '디스'를 내민다.

18. 편의점 앞 / 밤

어디선가 들려오는 사람들의 환호 소리.
편의점 앞에 비치된 테이블에 앉아 담배에 불을 붙이는 미소.
이때 편의점 사장이 슬그머니 나와서 미소 앞에 앉아 똑같이 담배를 핀다.

편의점 사장

이게 마지막이에요.

미소
뭐가요?

편의점 사장
여기서 담배 피는 거.

미소
왜요?

편의점 사장
이제 여기도 금연이에요. 여기뿐만 아니라 다.
커피숍, 술집, 피씨방 다.

미소
아 놔 진짜.

놀란 미소가 피던 담배를 땅바닥에 떨어뜨린다.
그리고 자신이 떨어뜨린 사실을 알고 얼른 다시 주워 털어 핀다.

편의점 사장
이제 흘리지 마요. 그거 비싼 거잖아...

19. 미소 집 안 / 밤

미소가 한약을 마시며 테이블에 앉아 작은 수첩에 하루 생활비를
적고 있다.
각종 돈 통들의 뚜껑이 다 열려 있다.

```
(나의 하루)
일당         45000원
밥        -  8000원
약        - 10000원
기타      -  4500원
위스키    - 12000원
집        - 10000원
담배      -  4500원
------------------------
            -4000원
```

미소는 마이너스 4000원을 적고는 위스키와 담배 칸을 볼펜으로
왔다갔다 한다. 그리고 집 -10000원에 가운뎃줄을 쭉 긋고,
마이너스 4000원을 지우고 플러스 6000원을 기재한다.
오! 하고 놀라는 미소 표정.

<CUT TO>
미소가 작은 박스 안을 뒤적여 허름한 상자를 꺼낸다. 상자를 열어보면
옛날 사진들이 나온다. 사진에는 다섯 명의 사람들이 공연을 하는
모습이 찍혀 있고, 그들을 챙겨주고 있는 미소의 모습도 몇 장
찍혀있다. 모두 젊고 뜨거운 에너지를 간직한 사진.
메모지에는 다섯 명의 이름과 연락처가 적혀있다.
이를 의미심장하게 바라보는 미소.

월세 통에 들어있던 현금을 몽땅 챙겨 나가는 미소.

20. 소공동 미소 집 계단 / 낮

미소가 집을 나와 건물 외부로 나 있는 특이한 계단 아래로 내려간다.
반 층 내려갔을 때 달린 철문을 두드리는 미소.

집주인이 문을 열고 내다본다.

미소

저 집 뺄게요.

주인

오만 원 올렸다고 이러는 거야?

미소

이것저것 다 올라가니까 어쩔 수 없네요.

주인

그래. 나도 어쩔 수 없네. 그동안 월세는 주고 가야지.

미소

여기 있습니다.

주인

고마워 잘 가.

미소

건강하세요. 그동안 감사했습니다.

미소는 예의 있게 인사하고 돌아서 다시 계단 위로 올라간다.

21. 미소 집 안 / 낮

큰 쓰레기봉투와 입을 벌리고 있는 큰 배낭.
쓰레기들을 버리고, 꼭 필요한 짐들만 배낭 안에 싸고 있다.

책 몇 권, 몇 안 되는 옷과 속옷들, 세면 세트, 로션 하나 그리고 한약들.

<CUT TO>
큰 배낭 하나와 이불 보따리가 든 투명 비닐 가방과 에코백만이
덩그러니 남은 빈방.
미소의 청소 연장인 드릴로 바닥을 깨끗이 청소 중이다.

밝고 경쾌한 음악이 흐르기 시작한다.

22. 몽타주 / 낮

각종 동물들의 집이 몽타주로 열거된다.

앙상한 겨울나무 위 둥지로 날아드는 제비.
땅굴에서 고개를 내미는 토끼.
벌집으로 들어가는 벌들.
식량을 이고 일렬로 줄 서서 개미집으로 들어가고 있는 개미들.

23. 소공동 미소 집 계단 / 낮

벽에 붙은 험난한 계단을 내려오는 미소.
자기 몸만큼 큰 배낭을 메고, 이불 보따리를 들고, 에코백을 옆에 메고
떠난다.
미소의 손에는 방에서 발견한 다섯 명의 이름이 적힌 종이가 들려 있다.

최문영, 정현정, 한대용, 김록이, 최정미

당차게 걸어가는 미소.

24. 시청 앞 / 낮

시청 앞에서 웨딩 화보를 찍고 있는 커플이 보이고,
그 앞을 지나가는 배낭을 메고 캐리어를 끈 미소가 보인다.

25. 마로니에 공원 / 낮

마로니에 공원 앞을 지나가는 미소. 미소 앞에서 기타를 맨 다섯 명의
남녀 젊은이들이 지나간다. 뭐가 그렇게 즐거운지 세상의 중심에서
젊음을 외치며 지나간다. 미소가 기분 좋게 그들의 뒷모습을 바라보며
걷는다.

26. 포스코 사거리 / 낮

그리고 어느새 고층 빌딩이 많은 강남 한복판에 미소가 서서 건물들을
둘러본다.
건물들 인서트 위로 가운데 자막이 뜬다.

최문영
베이스를 치고 있는 커트 머리의 보이쉬한 문영의 과거 사진 위로
자막이 뜬다.

27. 여직원 휴게실 / 낮

햇볕이 잘 들어오는 작고 아늑한 공간에 파스텔 톤의 요가 매트가
바닥에 여러 개 깔려 있고, 가운데는 좌식 탁자가 놓여 있다.
낯선 공간에 미소가 짐들을 구석에 놓고 주변을 두리번거리며 혼자
앉아 있다.
곧 누군가가 문을 열고 휴게실 안으로 들어오는데, 문영이다. 오자마자

하이힐을 벗어 던지고 들어오는 문영은 화려한 화장과 몸에 딱 달라붙는 니트 투피스를 입고 목에는 카드가 걸려있는데, 거기에는 최문영 대리라고 적혀있다. 문영의 손에는 수액과 링거, 주사가 들려 있다. 문영이 미소 옆에 앉으며 손에 들고 온 것을 재빠르게 준비한다.

문영

친구야 잠시만. 이것만 하고.

미소

어.

자신의 팔을 능숙하게 걷고 정맥을 찾아 바로 주삿바늘을 꽂는 문영.

미소

어디 아파?

문영

아니. 당 떨어져서. 야근 좀 쌓이면 짬 내서 맞아야 돼. 밥보다 나아. 피곤할 때마다 포도당 한 방씩 맞아야 일하거든. 너도 한 대 맞을래?

미소

아니야. 난 괜찮아. 이런 건 언제 배웠어?

문영

5년 전에 사람 일 어떻게 될지 몰라서 간호조무사 자격증 땄었거든.

미소
우와 멋지다.

문영
내가 배운 기술 중에 제일 유용한 기술인 듯.

문영
오랜만에 만났는데 나가서 맛있는 거 먹으면 좋은데,
점심시간이 타이트해서.
근데 또 니가 갑자기 연락이 오긴 했잖니?

미소
그럼. 만나주는 게 어디야. 바쁠 텐데.

문영
땡큐.

그리고 수액을 벽에 걸고 능숙하게 링거를 연결한 후 수액량 조절기로
수액 속도를 조절한 후 한숨을 길게 내쉰다. 그리고 팬티가 보이든지
말든지 편하게 하반신이 풀어진 자세를 취하는데, 그게 좀 웃기다.
문영은 갑자기 몸을 한 번 부르르 떤다.

문영
어우. 몸에 피가 도네.

미소
근데 들어올 때 보니까 회사가 되게 크더라.
내가 다니던 회사는 여기에 비하면 회사도 아니네.

문영

어떻게 들어온 회산데, 커야지 그럼.
열심히 해서 더 큰 데 갈 거야.

이때 누군가 휴게실 문을 들어오자, 문영과 미소의 시선이 문으로
일제히 향한다.

후배 여직원

앗 대리님. 어디 아프세요?

문영

(활짝 웃으며)
보다시피.

후배 여직원

네.

다시 문 닫고 나가면.

문영

(표정 돌변)
웃을 줄만 알지 일을 더럽게 못 해서 내가 미친다. 쟤 땜에.
알잖아. 내가 이런 얘기 잘 안 하는 사람인 거.

미소

그렇지...

잠깐의 정적이 흐른다.

문영
뭐니 저 짐.

미소
아, 저거? 히히 나 집 나왔어.

문영이 놀라 입이 벌어진다.

문영
아, 진짜?

미소
문영아 너 혼자 살지?

문영
응.

미소
그럼... 나 좀 재워줄 수 있어?

문영이 당황하는 표정을 숨기지 못하는데 이때 전화벨이 울린다.

문영
하하하 어머 잠시만. (전화 받으며) 네 과장님.
아, 그거 제가 오전에 서울시에 문의해서 보고서 올려뒀어요.
(정적) 아... 네... 제가 금방 올라갈게요.

전화를 끊는 문영, 다시 전화 받을 때와는 상반된 표정이 된다.

문영
점심시간에 교양 없게. 진짜 왜들 이러니들.

미소
그러게.. 엄청 바쁜가 보다.

문영이 수액 조절기를 조정하자 수액이 떨어지는 속도가 빨라진다.
다시 웃음을 머금고 미소에게 묻는 문영.

문영
빨리 얘기해야겠다. 보다시피. (찡긋 웃고는) 그래서 며칠?

미소
오늘 하루만 재워줘도 되고, 괜찮으면 많이 재워주면 고맙고.
딱 잠만 자고 화장실만 쓸게.

문영
너 집은?

미소
정리했어.

문영
집이 없다고? 왜?

미소
음... 집세가 갑자기 아깝더라구.

문영
아니 집이 없다구? 그 정도로 돈이 없어? 너 하던 가게는?

미소
가게 아니고 푸드 트럭...
그거 망해서 그만두고 지금은 다른 일 해.

문영
아... 망했구나... 거 봐, 내가 그거 안 남는다고 그랬잖아.
누가 푸드 트럭에서 파는 유기농 식을 먹겠냐? 단가도 안 맞아.

미소
좋은 경험이었지 뭐.

문영
경험이 사람 얼어 죽이겠다. 그래서 결국 집이 없어진 거야?
빚 갚느라?

미소
아니, 빚은 다 갚았어. 얼마 되지도 않았고...
솔직히 말하면, 방값도 오르고 담뱃값도 오르니까 아무것도
할 수가 없어서... 잠시 집을 나왔지.

문영
너 아직도 담배 펴?

미소
엥? 너 끊었어?

문영

조용히 해. 내가 언제 폈다고... 암튼 그래서?

미소

보증금이라도 모아서 월세 낮은 데 가려구...
전에 살던 집이 보증금 없는 달방이었거든.

문영이 크게 웃는다.

문영

딸방? 그게 뭐야.

미소

달방 몰라? 보증금 없이 달마다 월세 내는 건데...

문영

월세? 아... (갑자기 막 웃으며) 얘가 진짜 미쳤나 봐.

미소가 머쓱하게 웃음을 지어 보인다.

미소

이게 그렇게 이상한 이야기야?

문영

정상적인 이야기는 아니지. 아니야. 멋있다 얘. 너 이쁘잖아.

문영 다시 인상을 찡그리고 웃음을 짓는다.

문영
내가 좀 예민해서 누구랑 같이 못 자.

미소
그럴 수 있어.

문영
그래서 난 좀 힘들 것 같은데, 어쩌지?

미소
괜찮아. 미안해하지마. 그냥 너 어떻게 지내나 보고 싶어서 왔어.

문영이 미소의 말에 잠깐 놀라는 표정을 짓다가 쓴웃음을 보인다.

문영
넌 여전하네.

28. 큰 빌딩 회전문 앞 / 낮

미소가 배낭을 메고 캐리어를 끌고 회전문을 나와 어디론가 떠난다.

29. 구로구 현정이네 앞 / 밤

오래된 연립 주택 단지 앞에 서서 담배를 피는 미소.
손에는 달걀 한 판을 들고 있다.

정현정
키보드를 치고 있는 현정의 과거 사진 위로 자막이 뜬다.

기다리면서 주변을 둘러본다.

현정

어이, 아가쒸~

미소

어이, 아줌뫄~

이윽고 앞치마를 한 채, 뛰어오는 현정이의 모습이 보인다.
둘은 뜨거운 눈빛을 교환하고 서로 뜨겁게 포옹한다. 미소가 안긴 채로.

미소

갑작스럽지. 미안해...

현정

조용히 해. 존나 좋구만.

포옹을 풀고 현정이 미소를 뜯어본다.

현정

여전하네.

미소

반가워. 이 동네는 덕분에 처음 와보네.

현정

맞아. 나도 시집 안 왔으면, 와보지도 않을 동네야.
이 거지 같은 동네.
빨리 들어가자. 춥지?

미소

근데... 진짜 괜찮겠어?

현정

괜찮아. 뭐 어때. 내 손님은 니가 처음인데, 뭐. 우리 엄마, 아빠도
안 와. 불편한가 봐. 친구들도 안 오고... 니가 처음이야.

미소

그래...?

현정

됐어. 내 집이기도 한데, 이것도 마음대로 못해? 가자.

현정이 미소의 손을 끌고 들어간다.
미소가 걸어가며 달걀 한 판을 현정에게 준다.

미소

빈손으로 오기 뭐 해서.

현정

잘해쓰. 들고 따라왓.

집으로 들어가는 두 사람의 뒷모습이 보인다.

30. 현정이네 거실 / 밤

부엌과 딱 붙어있는 좁은 거실 식탁에 현정의 시어머니, 시아버지,
남편, 미소가 앉아서 밥을 먹고 있다. 메뉴는 떡국. 시아버지, 시어머니,
남편은 현정 몰래 떡국에 물을 조금씩 탄다. 미소가 먹어도 짠지 물을

조금 탄다.
말없이 어색한 식탁 분위기.

31. 현정이네 거실 / 밤

방 두 개가 나란히 보인다. 왼쪽 공간은 문이 없어 훤히 보이는데,
현정의 시부모님들이 이불을 깔고 누워 자고 계시고, 오른쪽 공간은
문이 닫혀 있다.

현정(S.O)

사람이 살다가 사정이 생길 수도 있지.
쟤가 오죽했으면 이 밤에 날 찾아왔겠어?

현정 남편(S.O)

최소한 나나 부모님한테 양해를 먼저 구했어야지. 무슨 예의냐.

현정(S.O)

예의? 말 한번 잘 꺼냈다. 넌 내 인생 자체에 예의가 없어.
너만 니 인생 있냐? 나는! 내가 지금 누구 때문에 이렇게 사는데.

현정 남편(S.O)

누가 나랑 결혼하래? 다 니 선택이야! 피해자 코스프레 좀 그만해.
나 다음 주에 시험이야.

현정(S.O)

그 나이 처먹고 아직도 시험 치는 게 자랑이다.

32. 현정이네 쪽방 / 밤

사방이 행거로 꾸며져 있고, 옷이 잔뜩 걸려 있는 쪽방. 한편에는

냉장고와 구석에 키보드가 놓여 있다. 한 켠에 세워진 미소의 배낭.
방음이 안 되는지 옆방 소리가 다 들리고, 그 소리를 들으며 미소가
바닥을 걸레질하고 있다.
문 닫는 소리가 들리더니, 현정이 쪽방 문을 빼꼼 열고 들어온다.
걸레질을 멈추고 미안한 얼굴로 현정을 바라보는 미소.

현정

뭔 노무 걸레질이야. 치워!

발로 미소의 걸레를 치우는 현정.

미소

미안하다. 나 때문에.

현정

다 들었어?

미소

응. 방음 하나도 안 되니 조심해.

현정

뭘 더 어떻게 조심해. 아 몰라. 다 들어.
이제 조심하는 것도 지겨워.

현정이 이불을 깐다. 그것을 돕는 미소.
현정은 이불 위에 벌렁 눕는다. 미소는 그 옆에 쭈그리고 앉는다.

현정

씨발, 내가 밥을 존나 못하나 봐. 맨날 다들 이렇게 남겨.
고생은 고생대로 하고, 보람은 보람대로 없고.

미소

금방 늘 거야.

현정

일 년을 존나게 했는데?

미소

그래?

현정이 다시 벌떡 일어나 앉는다.

현정

아니 그러면, 잘하는 사람이 하는 게 더 효율적이지 않아?
내가 하라고 시킬 수도 없고, 절대 안 하셔. 절대. 이해가 안 돼.

미소

그러게... 왜 너만 집안일 하냐...

현정

어머님, 아버님이 30년 동안 중국집 했거든.
이제 부엌에 얼씬도 하고 싶지
않대나 뭐래나.

미소

30년? 와... 대단하시다. 요리 엄청 잘 하시겠다.

현정

한 번도 못 먹어봐서 모르겠지만, 뭐 중국집 맛이겠지.
남편 얼굴보다 시부모 얼굴을 더 많이 볼 줄 알았으면,

결혼 안 했다.

                    미소
              왜 따로 안 살구.

                    현정
돈 모아서 집 사려고. 막상 집 구하러 다녀보니까
            들고 있는 돈으로는 어디
원룸밖에 못 구하겠더라. 월세는 월세대로 내면서
            그 짓은 못 하겠더라구.

                    미소
              맞아. 내가 그 맘 잘 알아.

                    현정
         낮에는 일 가고, 밤에는 공부해.
      다른 자격증도 따야지 진급이 빠르거든.
       지도 죽을 맛일 거야. 일하랴 공부하랴.
         취직만 하면 장땡일 줄 알았지.

잠깐의 정적이 흐른다.

                    현정
          우리 요즘 섹스도 안 해.

                    미소
         결혼한 지 얼마나 됐지?

현정

일 년 반?

미소

나도 안 해. 추워서.

잠시 정적이 흐른다.

현정

야. 추운데 눕자. 눕는 게 짱이야.

먼저 눕는 현정. 미소를 끌어당기자, 미소가 옆에 눕는다.
나란히 눕는 두 사람.

현정

방이... 너무 좁지?

미소

아니야. 엄청 넓은데 뭐.

현정

옛날에 너 나 엄청 재워줬잖아. 우리 밴드 연습 끝나고
맨날 니네 집에 가서 술 마시고 자고 했는데...

미소

에이 난 혼자 살았으니 너 재워주는 게 어디 일이니.
그때 진짜 재밌었는데...

현정
그래. 재밌었지. 남녀 혼숙에. 맨날 포카 치고.

미소
담배 뻑뻑 펴서 방이 하얘지고.

이때 미소가 다시 일어나서 배낭에서 한약 한 봉지를 꺼내 뜯어 마신다.

현정
너 아직도 약 먹는구나... 으이구 약쟁이.

미소
평생 먹어야 돼.

현정
난 니가 구라치는 줄 알았어.

미소
뭐가?

현정
니가 그거 안 먹으면 백발 된다매. 시발 그런 병이 어딨어?

미소
(웃으며) 구라 아니야. 진짜 안 먹으면 백발 돼.
한약을 잘못 먹어서...
이거 봐. 여기는 약 먹어도 계속 나.

현정
난 니가 멋내기 한 줄 알았지. 백발 되는 병이 어딨냐?

미소
있더라니까. 희귀병이래. 그래서 내가 체력도 좀 안 좋아.

현정
결혼도 병인 거 같애... 결혼하기 전에는
엄마 하나도 안 보고 싶었는데,
결혼하고 나니 그렇게 엄마가 보고싶.... 아! 씨발 또 눈물 나네.

미소
속상하게... 우리 현정이... 힘들구나...

현정
하지 마라. 울기 싫다.

미소
알았다.

방을 둘러보는 미소. 구석에 처박힌 키보드를 발견한다.

미소
어? 키보드다. 너 진짜 잘 쳤는데...
나 니가 쓴 곡 아직도 가끔 듣는다?
너 곡 참 잘 썼는데... 요즘도 쳐?

미소가 현정을 바라보니 현정은 어느새 입을 벌리고 잠들어 있다.
미소는 그런 현정을 한참 바라보다 그 옆에 누워서 벌어진 현정의 입을 조심스레 닫아준다.

미소

이러고 자면 목마르잖아...

현정이가 작곡한 듯한 피아노 연주곡이 흐른다.

33. 현정이네 거실 / 아침

미소가 쪽방 문을 열고 칫솔을 들고 나온다.
현정은 식탁에서 밥그릇들을 치우고 있다. 무표정의 현정.

미소

현정아, 화장실...

현정이 고갯짓으로 어딘가를 가리킨다.
미소가 그쪽으로 가자 이미 화장실 문 앞에는 남편, 시어머니,
줄이 서 있다.
미소도 뻘쭘하게 그 뒤에 줄을 선다. 화장실 안에서는 가래를 시원하게
내뱉는 소리가 들려오고 그럴 때마다 세 사람의 표정이 똑같이
찌푸려진다. 줄 뒤로 급하게 지나가는 현정.

현정

아, 어머니!

<CUT TO>
미소가 샤워를 마치고 화장실에서 나오자 집안이 조용하다.
그새 모두 나간 듯하다.
이상해하며 쪽방으로 들어가는데, 현정이 키보드 위에 엎드려
잠들어 있다.

34. 현정이네 부엌 / 아침

텅 빈 시부모 방.
텅 빈 안방.
설거지하는 미소의 뒷모습.

자신이 사온 달걀로 장조림을 하고, 멸치볶음 등의 밑반찬 등과
소고기 미역국을 끓여둔다. 그중 소량은 자신의 도시락 통에도 담는다.
식탁에 앉아 조용히 편지를 쓴다.
짐들을 챙겨 조용히 집을 나서는 미소.

35. 현정이네 집 앞 / 낮

배낭을 메고 나오는 미소, 다시 걷는다.

36. 민지 빌라 안 / 저녁

민지 빌라를 청소하는 미소.
화장실 쓰레기통을 비우다 발견되는 임신 테스트기 5개.
모두 두 줄인 것을 발견한다.

미소

에고....

미소는 냉장고 정리를 하며 과일을 한 끼씩 먹을 수 있게 정리해준다.

37. 마포구 아파트 단지 전경 / 밤

38. 한대용 아파트 복도 / 밤

한대용 집 아파트 현관 앞.
현관 앞에는 '대용 하트 진이'라고 적혀진 문패가 조그맣게 걸려 있다.
손에 계란 한 판을 든 미소가 초인종을 누르자 한참 후 문이 열린다.

대용
땀을 흘리며 장발의 머리로 멋지게 드럼을 치고 있는
대용의 과거 사진 위로 자막이 뜬다.

39. 대용 집 안 / 밤

신혼집 냄새가 나는 대용의 18평대 아파트. 가구는 빠져나가서 휑하고,
치운지 오래됐는지 더럽게 어지럽혀져 있다. 여기저기 옷이 벗은
모양 그대로 있고, 배달 음식 일회용 그릇들이 부엌에 가득 쌓여 있다.
대용이 파자마 바람으로 힘없이 안방 문을 열어준다.
안방은 냉기가 돌고 예쁜 킹사이즈 침대가 놓여 있다.

대용
누나가 여기서 자. 난 저쪽 컴퓨터 방에서 잘 거야.

미소
여기 안방이잖아. 이럴 필요 없는데... 너가 여기서 자.

대용
아니, 난 저기가 편해. 혼자 있을 때도 저기서만 잤어.
여기는 불편해. 너무...

미소
부인은?

대용
부인? 없어.

미소
어디 갔어?

대용
어디 갔어. 나 들어갈게. 집 맘대로 써 누나.

대용은 힘없이 쪽방으로 들어간다.
미소가 침대에 걸터앉는다. 침대 베개는 대용과 대용처의 결혼사진이
프린트되어 있다.
미소가 겸연쩍어서 다시 거실로 나간다.

컴퓨터 방은 이미 굳게 닫혀 있다.
방을 조심스럽게 노크하는 미소.

대용(O.S)
왜? 추워? 보일러 돌렸으니 곧 따뜻해질 거야.

미소
문 좀 열어봐. 오랜만에 봤는데, 얘기 좀 하자.

대용(O.S)
나중에. 누나 나중에. 나 지금이 편해.

미소
하나도 안 편해 보이는구만.

대용(O.S)
...

미소
정말 안 열 거야?

대용(O.S)
응...

미소
알았다.

문 앞바닥에 앉는 미소. 방문 너머로 뭔가 유리병 부딪히는 소리가
들린다.
이때부터 화면이 밀고 들어오면서 분할 화면으로 진행된다.

미소
너 안에서 혼자 술 마시니.

대용
응. 자려구. 술을 안 마시면 잠이 안 와서.

미소
너 결혼한 지 얼마 안 됐잖아.

                                    대용
누나... 결혼 안 해봤지? 이별에 정해진 시간 같은 건 없더라구.

                                    미소
                        이혼하기로 한 거야?

                                    대용
                        그렇게 흘러가고 있어.

                                    미소
                            왜?

                                    대용
왜냐니... 강물이 흐르는 데 이유가 있나? 사람이 좋아하는 데
이유가 있어? 그러니 싫어지는 데 이유 없겠지?

                                    미소
                    둘 다 되게 괜찮은 사람들인데...

                                    대용
성격차이란 게 있더라. 연예인들 이혼 기사 뜨면 거기에
성격차이라고 다 뜨길래 둘러대는 말인 줄 알았는데 진짜더라구.
그게 있어. 인간 새끼들은 다 겪어봐야 아나 봐.

                                    미소
                일 년도 같이 안 살고... 그걸 어떻게 아니.

이번에는 문 안쪽에서 라이터 부싯돌 소리가 들린다.

미소

야, 너 혼자만 담배 피기냐?

대용

누나도 펴. 거기서.

미소

여기서 펴도 돼?

대용(O.S)

못할 게 뭐 있어. 이혼도 하는 마당에. 다 해.

미소가 주머니에서 개인 재떨이를 꺼내 담배를 피우기 시작한다.

미소

이렇게 얘기할 거 그냥 문 열고 같이 담배 피면서 얘기하지...

대용

난 이게 편해. 사적인 얘기를...
사람 얼굴 보고하는 게 너무 힘들어.

미소

야... 너 좀 심각한 거 같애. 너 이렇게 혼자 지낸지 얼마나 됐어?

대용

한 달.

미소

미친다 그러다.

대용(O.S)

누나 안 미치는 게 이상한 거 아니야? 나는 좆병신이야. 개 루저.
어릴 때부터 그랬어. 남자답지도 못하고... 하긴 남자답지 못한 게
결혼은 왜 해가지고... 대학 떨어진 실패는 실패도 아니었어.

코 풀고, 흐느끼는 소리가 들린다.

미소

울어? 문 열어 봐.

대용

누나... 사람이 울 수도 있잖아. 사람이잖아 나....

미소

그럼.

대용

아 씨... 나 남자이기 전에 사람인데... 나도 사람인데... 다 나한테
왜들 그러지... (잠시 울다가 금방 멈추고 태도를 바꾼다)
누나 나 잘게. 더 이상 대화는 위험할 것 같다.

미소

정말 그게 편한 거 맞아? 네 무의식은 더 얘기하고 싶은 거
같은데.

대용

누나 무의식 모르잖아... 내 의식은 정말 이게 편해.

미소

그래. 일단 자.

미소가 한동안 문을 바라본다.

40. 대용 집 부엌 / 낮

미소가 식탁에 콩나물국과 계란말이, 밥을 준비해뒀다.
쪽방에서 양복 차림을 한 대용이 멀쩡하게 나온다. 어제의 모습을
상상하기 힘들 만큼 훈훈한 미소를 머금고 있다.
식탁으로 가는 대용. 상차림을 보고 멍하니 서 있다.

미소

야, 울보. 먹고 가.

대용

무슨 소리야... 엇... 이런 건 언제 했어...

대용이 말없이 식탁에 앉는다. 미소는 콩나물국에 손으로 깨를 빻아
뿌려준다.
한동안 밥을 쳐다보더니 밥을 푸기 시작한다.

대용

집 밥이... 오랜만이네.

미소를 보고 영업용 미소를 짓는 대용.

미소

대용아 나 며칠 더 여기 있어도 돼? 갈 곳이 없어서.

대용

나도 갈 곳이 없어 누나. 집이 있는데... 갈 곳이 없어.

그 모습을 물끄러미 보는 미소.

<CUT TO>
대용의 집에 쓰레기를 다 내다 버리는 미소.
대용의 밀린 빨래도 돌리고. 개고.
청소기를 돌리고, 걸레질도 하고.
깨끗해지자 신혼집의 민낯이 드러난다.

41. 헌혈의 집 / 낮

나란히 헌혈 중인 미소와 한솔.

한솔

남자랑 단 둘이 잤다고?

미소

남자가 아니라 걔는 그냥 밴드할 때 드럼 치던 애야. 막내.

한솔

어쨌든 남자잖아. 미소야.

미소

생물학적으로는 남자긴 한데...
내 심리학적으로는 여자 같은 존재야.
유노왓암쌤?

한솔
나에 대한 배려가 너무 없는 것 같아...

미소가 화가 난 한솔의 기분을 눈치채고는 태도를 고친다.

미소
알겠어. 맞아. 넌 그럴 수 있겠다. 내가 생각이 짧았다. 미안해.

한솔
내가 백만 원 구할 테니까 집 구해 보자 우리.

미소
너 학자금 대출 다 갚았어?

한솔
멀었지.

미소
**근데 뭘 빌려. 나 빚 싫어! 내 인생 목표가 빚 없는 거야.
내 인생 내가 책임질 테니 걱정하지 말구.**

한솔
니가 그렇게 고생하는데 내가 해줄 수 있는 게 없잖아.

미소
**뭘 해주는 게 없어? 넌 그냥 이대로 있어주는 걸로 충분해.
몇 번을 말해줘야 돼. 다 내가 좋아서 선택한 거야. 원하는 걸
지키려면 다 이 정도 고생은 하고 살아.**

간호사가 나타나서 한솔과 미소의 헌혈을 마무리한다.
한솔이 지혈을 하며 자세를 고쳐 앉는다.

한솔

그냥 그 술을 끊으면 안 돼? 양주.

미소

안 돼. 그건 내 낙이야.

한솔

그래... 그건 존중해.

사라지는 간호사.

한솔

기분이 안 좋다.

미소

피 뽑아서?

한솔

아니. 나 또 떨어졌어.

미소

참 다들 보는 눈들이 없네. 난 되게 재밌던데.

한솔

내가 웹툰 작가였으면... 니가 남자 성을 가진 친구 집에서
단둘이 잘 일도 없었을 텐데... 그치? 난 지금 회사 기숙사에

사니까 널 재울 수도 없는 거지니까.

미소

그게 무슨 소리야. 내가 거지지.

한솔

아니야. 내가 무능력해서 니가 거지지.
내가 돈이 좀 있었으면, 우리 둘이 같이 살았을 테고.
이렇게 피 뽑아가면서 영화표 벌지도 않을 테고.
너라고 티비에 나오는 맛집 안 가고 싶겠어?

미소

나 헌혈 사랑하는 거 알잖아. 난 너랑 이렇게 놀고
담배만 필 수 있다면 아무것도 필요 없어.

한솔

난 아니야. 난 항상 미안해.

미소

알았어. 거기서 안 잘게. 됐지?

한솔

그럼 어디서 자게?

미소

나에게는 다른 친구들이 있어. 걱정 마.

한솔이 씁쓸하게 웃어 보인다.

한솔
요 앞에 순대랑 떡볶이 먹으러 갈까?

미소
그래.

한솔
철분. 철분.

42. 버스정류장 앞 / 해 질 녘

한솔이 경기도 가는 버스 타는 것을 마중하는 미소.
서로 손을 힘껏 흔들며 인사한다.

43. 위스키 바 / 밤

앉아서 위스키를 마시는 미소.
담배를 피우러 나가는 미소.

44. 위스키 바 앞 / 밤

밖에는 가게 안에 있던 손님들 여러 명이 각자 나와
담배를 피우고 있다.
거기 대열에 합류해 담배를 피우는 미소.

45. 대용 아파트 안 / 밤

대용의 닫힌 방문을 조심스럽게 두드리는 미소.

미소

대용아, 자?

대용(O.S)

응.

미소

야. 엄살 그만 떨고 문 열어봐.

대용(O.S)

싫어.

미소

그럼 이것만 마셔.

대용(O.S)

뭔데?

미소

열어 봐.

빼꼼히 열리는 방문. 그 사이로 대용의 손이 조심스럽게 나온다.
이때다 싶어 미소가 대용의 손을 덥석 잡는다.

미소

잡았다!

대용(O.S)

아, 왜 이래. 나 여자 알러지 있단 말이야. 이거 놔.

미소

대용아, 나 가려구. 마지막으로 담배나 한 대 피자.

파닥거리던 대용의 손이 잠잠해진다.

46. 대용 아파트 베란다 / 밤

베란다에는 아기자기한 그네 벤치가 설치되어 있다. 거기에 앉아 있는
두 사람, 나란히 담배를 피우고 있다.

대용

이 밤에 어디 가.

미소

친구가 아프대서...

대용

아픈 사람 참 많네.

대용이 눈가가 촉촉이 젖어있다.

미소
울어?

대용

신경 쓰지 마. 그냥 침이라고 생각해.

미소

나 간다고 울어?

대용
이래서 여자는 집에 들이면 안 돼...

미소
너도 이 집 얼른 정리하고 이사 가면 되잖아...

대용
못 벗어나. 누나... 집이 아니라 감옥이야. 이 집 한 달 대출 이자가
얼만 줄 알아? 원금 합쳐 자그마치 100만 원이야.
이걸 얼마나 내야 되는 줄 알아? 20년이야.
매달 100만 원을 20년 동안 내야 이 집이 내 것이 돼.
그럼 이 집은 또 엄청 낡겠지?

미소
왜... 팔고 이사 가면 안 돼?

대용
...

미소
아직... 기다리는구나.

대용
아파트 아파트 노래를 불러서 아파트 구해났더니,
새처럼 날아갔어.
더 이상 묻지 말구. 대화가 깊어지는 건 위험해.

미소
알겠어.

대용

청소... 고맙다... 누나의 온기가 잠깐이나마...

또 우는 대용. 달래주는 미소.

미소

미안해. 또 올게. 내가 청소해주러 가끔 올게. 울지 마. 대용!

47. 커피숍 / 밤

열심히 공부를 하고 있는 혼자 앉은 대학생들과 술 취해서 부둥켜안고 있는 젊은 커플들이 여기저기 앉아 있는 커피숍. 구석에 엎드려 자고 있는 미소의 모습이 보인다.

<CUT TO>
미소의 얼굴에 빛이 한줄기 떨어지고, 눈이 부셔 눈을 뜨는 미소.
기지개를 켠다.

48. 커피숍 화장실 / 낮

멍하게 양치를 하는 미소.
불편하게 세면대에 머리를 감고 있다.
핸드 드라이어에 머리도 말린다. 이때 화장실 안으로 들어오는
산뜻하게 아침 화장까지 한 늘씬하고 젊은 여대생이 미소를 훑고는
손을 씻는다.

김록이
기타를 치며 노래를 부르고 있는
록이의 과거 사진 위로 자막이 뜬다.

49. 커피숍 / 낮

화장실에서 배낭을 메고 나오자 계단을 올라오고 있는 록이를
발견하는 미소.

미소

오빠!

두리번거리던 비니를 쓴 남자 록이(49) 미소를 보자 여유 있게
손을 들어 인사해 보인다.
그의 손에는 작은 에스프레소 한 잔과 영어 신문이 쥐어져 있다.
얼른 자리에 앉는 미소와 록이.

미소

오빠!! 오랜만이야.

록이

어이구 이게 얼마만이야. 더 예뻐졌네. 미소를 보니 미소가 나네.

록이가 환하게 웃는다.

미소

아 뭐야~ 유머는 여전하네~

록이

여전하지. 미소, 뭐 마실래? 미소국?

재록의 농담에 까르르 웃는 미소.

미소

아니야. 난 물이 좋아. 물 마실게.

록이

물, 좋지! 워러.

미소가 코너에서 물을 따라서 다시 자리로 돌아온다.

록이

근데, 그 가방은 뭐야?

미소

나 요즘 떠돌이야 오빠.

록이

아티스트 다 됐네. 그래서 더 아름다워졌구나!

미소

이... 아티스트가 뭐야...

록이

그럼 어디서 자?

미소

친구들 집.

록이

근데 오빠 집에는 왜 안 와?

미소
오빠 독립했어?

록이
안 했지.

미소
근데?

록이
우리 부모님은 여자면 무조건 오케이야.

미소
정말? 잘 됐다. 안 그래도 갈 데가 없었거든.

록이
그래. 우리 집에서 지내. 방도 남는 거 하나 있어.
드레스 룸인데 괜찮지?

미소
괜찮지! 완전 고마워 오빠.
그럼 오늘 나 일 마치고 오빠네 집으로 갈게.

록이
그래. 그렇게 해. 근데 우리 집은 들어오는 건 마음대로지만
한번 들어오면 못나가. 괜찮겠어?

미소
오빠 진짜 웃긴다.

록이

진짜야. 우리 어머니는 이제 한번 갔다 오신 여성분도 좋고,
애 딸린 여성분도 좋대. 여자면 무조건 오케이.

미소

아직도 오빠를 포기 못하셨구나.

록이

그럼 그럼.

미소

그나저나 오빠 요즘 뭐 하고 지내?

록이

똑같지. 낮에는 영어 학원에서 애들 가리키고, 밤에는 밴드하지.

미소

오빠만 음악 하네... 멋있다 오빠.

창밖에서 이 둘이 즐겁게 대화하는 모습이 보인다.
곁에서 보기에는 스승과 제자, 혹은 부녀지간 같아 보이기도 한다.

50. 재경이네 집 / 낮

부엌 청소를 마친 미소.
이때 자기 방에서 선글라스를 쓰고 캐리어를 끌고 나오는 재경.

미소

벌써 가?

재경

응. 간만에 면세점 좀 들리려구.

미소

이번에는 어디로 가?

재경

멕시코.

미소

와... 언제 돌아와?

재경

이주일 후에.

미소

그럼 나는 그동안 오지 말까?

재경

아니, 오던 대로 나와 줘. 고양이들 밥도 좀 줘야 되구. 부탁할게.

미소

응. 나야 일하고 좋지.

51. 낡은 단독주택 전경 / 밤

계란 한 판을 든 미소가 담배를 피우며 어디론가 걷고 있다.
그리고 한 단독주택 앞에 멈춰 선다.
담배를 피우며 주소를 확인하는 미소.

52. 록이 집 거실 / 밤

현관문이 열리자, 옷을 갖춰 입은 록이 노모(70), 록이 노부(75), 록이 줄을 서서 미소를 반겨준다.

> 미소
> **처음 뵙겠습니다. 늦은 밤 실례가 많습니다.**

> 노모
> **어서 와요. 추운 데 일하느라 고생이 많네.**

미소는 계란 한 판을 노모에게 내민다.

> 미소
> **빈손으로 오기 뭐 해서...**

> 노모
> **아이고, 내가 계란 좋아하는 거 어떻게 알고...**
> **아가씨가 엄청 싹싹하네.**

> 록이
> **들어와. 짐 이리 줘.**

록이 얼른 미소의 짐을 받아 든다.
생각지도 못한 환대에 얼떨떨한 미소.

<CUT TO>
집은 오래된 30평대 연립 주택이다.
식탁 위에는 진수성찬이 차려져 있다.
입이 떡 벌어지는 미소.

미소
아니, 이걸 혼자 다 준비하신 거예요?

노모
오랜만에 집안에 젊은 아가씨가 온다니까 신나서 준비했어요.

노부는 손으로 먹으라는 제스처를 취한다.
록이와 미소가 나란히 앉은 것을 보고는 흐뭇하게 바라보며
서로 눈짓을 주고받는 노모와 노부.

록이
어머니가 연세가 있으신대도 요리를 잘하셔.

노모
영감이 5년 전에 뇌출혈로 쓰러지고 나서 말을 못하니 이해해요.

미소
아... 그러셨구나. 지금은 건강 괜찮으세요?

노모
말만 못하지, 얘보다 건강해요. 나도 건강하고.
우리 가족은 다 건강해. 암 걸린 사람이 조상 대대로 한 명도 없어.
암은 유전이 큰 거 아시죠?

미소
다행이네요.

노모
아가씨는 고향이 어디에요?

미소
말씀 편하게 하세요.

노모
아이고, 아니에요. 내가 이래 봬도 이대 나왔어요. 교양이 있어.

미소
딱 봐도 그래 보이세요.

노모
아이고, 말도 어쩜 저렇게 예쁘게 한 대.

록이
어머니, 얘 밥 안 넘어가겠어요.

노모
아이고, 내가 너무 떠들었네. 편히 먹어요.

미소
아니에요. 저 지금 엄청 먹고 있어요. 얼마든지 말씀하세요.
이런 진수성찬 처음 먹어봐요. 정말 맛있네요.

노모
아가씨는 고향이...

미소
서울이요...

노모
부모님은?

미소
두 분 다 안 계세요. 아이엠에프 때 아버지가 돌아가셨는데...
엄마가 충격으로 몇 년 후에 암으로 돌아가셨어요.

록이
아, 엄마!!!

노모
아이구... 어린 나이에... 맘고생이 많았겠어요. 나도 육이오 때
아버지를 잃었거든. 평생 한인데... 오죽하겠어.

미소
마음고생 많으셨겠어요.

노모
삶이란 게... 매일을 극복하며 사는 거야.
근데 아가씨는 무슨 일해요?

미소
가사도우미요.

노모
어이구, 집안일을 얼마나 잘했으면.

미소
가게를 하나 했었는데, 망해서... 이 일을 하게 됐는데,

적성에 잘 맞아요.

노모

천상 여자네. 천상 여자야. 여자가 다른 거 잘 할 필요 없어요.

밥을 먹으며 고개를 끄덕이고 있는 노부.
록이는 미안해하는 눈치지만, 부모님이 기분이 좋아 보여
아무 말도 못한다.

<CUT TO>
미소가 담배를 피우려 현관을 나가려고 하는데, 록이 달려 나온다.

록이

담배 피우러 가?

아무렇지도 않게 큰 소리로 말해서, 조금 당황하는 미소.
부엌에서 과일을 담은 접시를 들고 나온 노모가 이를 보고.

노모

아이고, 추운데 왜 나가서 펴요.
베란다에서 펴요.

미소 적잖이 당황하고.

미소

아... 괜찮아요.

노모

괜찮아. 드루와요. 나가지 말고. 여기서 펴요.
재도 아무 데나 털어도 돼. 다 털어버려.

이때 노부도 말없이 나와 재떨이를 건넨다.
미소가 쭈뼛쭈뼛 신발을 벗으며 다시 들어온다.

<CUT TO>
거실에서는 록이의 노부가 낡은 소파에 앉아 아코디언을 연주하고,
록이는 기타를 치고, 노모는 노래를 부른다.
미소는 손뼉 치며 이를 관람한다.
단란한 가족 같은 풍경.

53. 록이 집 고추 방 / 밤

고추로 가득 찬 작은 방.

록이

아이, 드레스룸에 어머니가 고추를 말리고 계시네... 나 이거 참.

미소

드레스룸이 아니구만.

록이

다 그게 그거야.

54. 록이 집 록이 방 / 밤

록이의 방. 방 안에는 책상과 많은 책장, 그리고 오래되어 보이는 싱글
침대가 놓여 있다.
바닥에 목화솜 이불이 깔려 있다.
당황하는 미소.

록이

니가 침대에서 자. 내가 바닥에서 잘게.

미소

아... 어쩌지...

록이

걱정하지 마. 미소야. 나 전립선 안 좋아서 아무 짓도 못해.

미소

... 내가 바닥에서 잘게.

<CUT TO>
불 꺼진 록이 방. 록은 침대에, 미소는 바닥에 누워 있다.
어둠 속에서 록이도 눈을 껌뻑이고, 미소도 껌뻑이고 있다.

록이

자니?

미소

아니.

록이가 미소 쪽으로 몸을 돌려 누워서 미소를 빤히 쳐다본다.
록이의 눈빛을 느낀 미소, 록이를 쳐다보지도 못하고 긴장한다.

미소

아, 뭐야? 부담스럽게.

록이
뭐가. 그냥 보는 거야.

미소
폭력적이야.

록이
별 게 다 폭력이다. 그냥... 여자랑 한방에 있는 게
너무 오랜만이라 신기해서 그래.

미소가 록이의 반대 방향으로 몸을 돌린다.
미소의 등을 빤히 보던 록이.

록이
우리 결혼할래?

미소
아니.

록이
야, 나 지금 진지해.

미소
혹시 지금... 나랑 자려고 그러는 거야?

록이
에이 내가 무슨 10대냐. 나 전립선이 안 좋아서 못한다니까.

미소
근데 왜 그런 말을 해. 나 남자친구 있어.

록이
그래. 연애는 걔랑 하고, 나랑 결혼하자.

미소
도대체 무슨 소릴 하는 거야.

자리에서 벌떡 일어나 앉는 미소. 록이를 째려본다.
록이는 신경도 안 쓰고 그대로 누워 미소를 그윽하게 바라본다.

록이
이제 우리 나이에 막 뜨겁게 사랑하고
그런 거 할 나이는 지났잖아.
사랑이 별거냐, 우리가 본 게 십 년이 넘고
서로 좋아하는 마음이 유지되는 게 사랑이지.

미소
그래서?

록이
우리 부모님이 저렇게 들뜬 모습을 보는 게 몇십 년 만이다.
돌아가시기 전에 며느리 보는 게 소원인데,
그 소원 하나라도 들어드리고 싶어.

미소
왜 하필 난데.

록이
너 지금 오갈 데 없잖아.

미소
나는 오갈 데가 없는 게 아니라,
잠시 어떤 이유들로 여행 중인 거야.

록이
내가 보기엔 그게 그거 같은데... 아무튼, 그렇게 애처럼
생각하지만 말고 한번 현실적으로 생각해 봐.
너 있는 그대로 다 받아주는 시부모 만나기 쉽지 않아 너.
내 주변만 해도 고부갈등으로 이혼한 애들 수두룩해.
그냥 단출하게 식 올리고 들어와서 살아. 인간도 동물인데
안정감이 가장 중요한 거야. 유대, 연대. 그게 얼마나 중요한데.
너나 나나 그게 제일 필요한 게 공통점인 거 같은데.

미소
오빠, 내가 이렇게 떠돌아다닌다고 그렇게 말하는 거 실례야.
내가 물건이야? 집이 없어도 취향과 생각이 있어.

록이
니가... 아직 젊어서 좋네.

미소가 갑자기 자리에서 일어난다.

미소
나 그냥 갈게.

록이

알았어. 이 밤에 어디 가. 그냥 내가 등 돌릴게. 됐지?

잽싸게 등을 돌리는 록이.

록이

봐. 나 등 돌렸어. 빨리 그냥 누워 자.

미소가 한참 서서 고민하다가 다시 자리에 눕는다. 최대한 침대에서 떨어져서.

록이

아무튼 잘 생각해 봐. 오빠 언제든 열려있으니까.

뾰로통한 미소의 표정.

55. 록이 집 / 낮

다음날 아침.
뭔가 덜커덩거리는 소리에 미소가 눈을 번쩍 뜬다.
일어나 침대를 보니 록이는 이미 없다.
미소가 일어나 거실로 나가니, 아무도 없는지 조용하다.
식탁에는 밥상이 차려져 있고, 고운 식탁보로 덮여 있다.
미소가 담배를 피우러 베란다로 나가는데, 담배가 떨어진 것을 발견한다.
담배를 사러 가기 위해 옷을 걸치고 현관문을 여는데 문이 안 열린다.
자기가 작동법을 잘 모르나 싶어서 이것저것 해보지만
문이 열리지 않는다.
급하게 록이에게 전화를 걸어본다.
록이는 전화를 받지 않고.

<플래시 백>
어제 미소에게 잘해주던 록이와 록이 노모가 떠오른다.

록이네 가족이 연주하고 노래 부르던 모습
록이 노모의 질문들
드레스 룸에 고추를 급하게 뿌리는 록이 노모, 노부
록이 방에 이불을 반듯이 펴고 있는 록이 노부, 노모.
'우리 집은 한번 들어오면 못 나가' 라고 말하며 웃던 록이의 말.

미소가 급하게 베란다 문을 열어보니, 그곳에 미소가 피는
디스 한보루가 놓여 있다.
소름 돋는 미소.
급하게 옷을 갈아입고 짐들을 챙겨 창문을 열어보는 미소. 창문은
왠지 열리지 않고.
부엌으로 달려가 부엌에 난 작은 문을 열어보니 열린다.
급하게 탈출하는 미소. 그러다 다시 돌아와 부엌에서 무언가를 급하게
적고는 다시 나간다.
부엌과 연결된 작은 문 너머로 짐을 던지고는 문 위로 타 넘는 미소.
무사히 탈출한 미소가 어딘가로 뛰어간다.

부엌에는 미소가 남기고 간 메모가 비친다.

메모
잘 해주셔서 너무 감사했습니다.
건강하세요!

56. 평창동 정미 집 전경 / 낮

최정미
기타를 치고 있는 야한 옷을 입고 있는 정미의 과거 사진 위로
자막이 뜬다.

57. 최정미 집 안 / 낮

세상에서 가장 평온한 얼굴로 돌도 안 지난 듯한 아기를 안고 앉아있는
정미.
미소는 그 앞에 앉아서 차를 마시고 있다.
부엌에서는 50살 정도 되어 보이는 가사도우미 아줌마가 주방 일을
하고 있다.

정미
아이란, 정말 사람이 살면서 겪을 수 있는 유일한 구원 같애.
미소 너 교회 다녀?

미소
아니.

정미
교회 다닐 필요 없어. 애 낳음 돼.

미소
그 정도야?

정미

나도 몸매 망가질까 봐 애를 안 가지고 있었는데...
더 빨리 낳을 걸 후회돼.

미소

그렇구나...

정미

나 살 많이 쪘지? 몸이 망가지긴 하더라구. 근데 뭐 얻는 게
있으면 잃는 게 있지 않겠어?

미소

언니 정말 다른 사람 같아.

정미

칭찬이지?

미소

신기해.

정미

신기해? 그럴 수 있겠다...

미소

집 참 넓다 언니.

정미

넓지. 근데 내 취향은 아니야. 여기가 시부모님들 집인데,
뉴욕으로 가시면서. 우리더러 지내라고 해서...

우리끼리 살기에는 방이 많았는데, 잘 됐다.
방 안에 화장실도 따로 있으니 편히 지내.

                    미소
        방 안에 화장실이 있어? 우와...

                    정미
    응접실도 있고, 옷 방도 있고 다 있으니 지내기 좋을 거야.
            있는지 없는지도 모를걸?

                    미소
            우와... 고마워. 언니.

                    정미
    고맙지. 나도 너한테 고마웠어. 대학교 1학년 때,
    다단계 잘못 들어가서 진 빚 때문에 난리 났을 때, 니가
    돈 빌려준 거 아직도 못 잊었어. 그걸 어떻게 잊니? 편히 지내.

                    미소
    그렇게 기억해주니 내가 더 감동적이다. 내가 그냥 있기 그렇구,
        내 적성을 살려서 집안일을 도울게.

냉장고 문을 열어 반찬통을 꺼내고 있던 아주머니가 그 이야기를 듣고
위기감을 느낀다.

                    정미
        야! 넌 내 친구야. 이 집 손님이라구. 편히 지내.

아주머니는 안도의 한숨을 쉬고 다시 일을 한다.

정미
엇, 아주머니 그거 좀 버려주세요. 김치가 너무 많이 쉬어서
못 먹겠어요.

냉장고 청소를 하던 아주머니가 큰 김치통을 꺼내 열고, 아직도 멀쩡해
보이는 많은 양의 김치를 음식물 쓰레기봉투에 버린다.

미소
근데... 언니 남편분은 괜찮으실까?

정미
당연하지. 우리 남편은 힘든 사람들 돕는 걸 당연하게 생각해.
시댁 친척 식구들이 다 변호사랑 의사들이거든.
있는 집 남자들이 더 착하다는 말, 그 말이 맞더라.
구김살이 없으니 사람이 꼬이지도 않고, 근사해.
그런 건 신경 쓰지 말고 맘 편하게 지내.

부처 같은 미소를 짓고 있는 정미.

미소
그럼 신세 좀 질게. 언니.

58. 최정미 집 손님방 / 낮

미소의 원룸보다도 널찍한 정미네 손님방.
정갈하게 정리되어 있어 몹시 쾌적하다.
바닥에는 두터운 목화솜 요와 이불 세트가 포근하게 깔려 있다.
미소는 캐리어에 있느라 구겨진 옷들을 꺼내 작은 장롱 옷걸이에
걸어둔다.
방 안에 있는 작은 화장실에 자신의 세면용품들도 갖다 놓고.

잠옷으로 갈아입은 후 포근한 요에 들어가 편안함을 만끽하며
책을 꺼내 읽는다.

59. 돌아온 일상 몽타주

재경이 집을 청소하는 미소.
바에서 몰트위스키를 마시는 미소.
돈 상자에 이만 원을 집어넣는 손.
민지 집을 청소하는 미소.
디스 말고 에쎄를 사는 미소.
몰트위스키를 마시는 미소.
정미네 거실 화분에 물주는 미소.
돈 상자에 만 원짜리가 꽤 수북이 모여 있다.
욕조에서 거품 목욕을 하며 창밖을 보는 미소.

60. 아무 맛집 입구 / 낮

식당 앞에 사람들이 길게 줄을 서 있다. 그 줄의 제일 끝에 미소와
한솔이 서 있다. 추워서 어깨동무를 하고 서 있는 미소와 한솔.

한솔

정미는 여자지?

미소

응. 언니야.

한솔

니가 있을 곳이 생겨서 진짜 다행이다.

미소

그런 집에 있으니까... 내 집도 아닌데... 내가 부자 된 기분이 들어.
그게 뭔가 기분이 좋으면서, 또 기분이 안 좋기도 해.

한솔

여자들은 왜 이렇게 복잡한 거야.
그냥 좋은 곳에 편히 있음 좋은 거지.

미소

아니야. 기분이 안 좋다는 건,
뭐가 분명 문제가 있다는 신호 같은 거야.

한솔

아무튼 돈만 좀 모으면 되겠다.

미소

응. 돈은 좀 잘 모여.

한솔

고생한 보람이 있네. 우리도 드디어 맛집 데이트다.

미소

일을 좀 더 구하려구.

한솔

너 몸 약하잖아.

미소

빨리 보증금 백만 원이라도 마련해야지.

한솔
안 돼. 돈도 돈이지만 몸이 더 중요해.
너 전에 하루에 두 탕 뛰었다가
쓰러져서 병원비가 더 깨졌잖아.

미소
맞아. 병원비 개비싸.

한솔
약은 잘 챙겨 먹고 있어?

미소
응.

한솔
옳지. 잘한다. 아, 그 아줌마 있잖아. 급식소.

미소
응.

한솔
그분도 얼마 전에 아파서 그만 두셨어.
집이 어딘지도 모르고... 되게 속상했어.

미소
아... 어떻게... 속상하다 정말.

한솔
그러니까 너도 조심하라구.

미소

알았어...

잠깐 정적.

미소

줄이 줄지가 않네. 이렇게까지 먹어야 되는 거지?

한솔

응. 가끔 나도 너랑 세상 맛있는 거 먹고 싶어. 할 이야기도 있구.

미소

할 이야기? 결혼하자고는 하지 마. 아직 아니야.

이때 사람들의 웅성거리는 소리가 들리더니 알바생이 나온다.

알바생 (O.S)

오늘 재료가 다 떨어져서 영업이 불가합니다. 죄송합니다.

야유 소리와 함께 줄을 서 있던 사람들이 흩어지고,
한솔이 실망감에 고개를 푹 숙이자, 미소가 한솔을 부축해서
뒤로 돌아선다.

61. 맛집 근처 길거리 / 낮

미소와 한솔이가 오뎅 꼬치를 먹으며 걷고 있다.

한솔

오늘은 정말 맛있는 거 먹나 했는데...

미소
이것도 맛있는데?

한솔
응.

미소
근데 아까 할 이야기는 뭐야?

잠깐의 정적이 흐른다.

한솔
미소야.

미소
왜 한솔아.

한솔
나... 발령 났어.

미소
어디로?

한솔
사우디 아라비아.

미소가 놀라서 걸음을 멈추고, 이를 모른 체 혼자 걷는 한솔.

미소

엄청 멀리 떠나네.

미소의 목소리가 멀어진 걸 깨닫고 한솔도 걸음을 멈추고 미소 쪽으로
돌아본다. 하지만 막상 미소에게 다가가지 못하고 눈을 피하며
말을 하는 한솔.

한솔

응... 내가 지원했어.

미소

왜?

한솔

이제 그림 그만두려고.

미소

왜!

한솔

할 만큼 해본 것 같아서. 이제 사람답게 살려구.

미소

사람답게 사는 게 뭔데?

한솔

알잖아. 그렇고 그런 거. 남들 다 하는 것들.

미소
난 지금 이대로도 좋은데.

한솔
난 안 좋아. 근데 그거 알아?

미소
뭐?

한솔
내가 어디에 지원해서 뽑힌 게 처음이다?
대학도 다 떨어졌지, 웹툰 공모도 다 떨어졌지.
난 어디에 뽑힌 적이 한 번도 없거든. 근데 이번이 처음이야.
그래서 되게 신나. 비행기도 처음 타 보구.

미소
얼마나 가는데?

한솔
일단... 이 년.

미소가 들고 있던 먹다 만 오뎅을 땅바닥에 내팽개친다.

미소
엄청 길잖아!

한솔은 조용히 미소에게 다가와 주머니에서 빈 봉지를 꺼내
바닥에 떨어진 오뎅을 담는다.

한솔
6개월에 한 번 한국으로 보내준대.

미소
난... 담배, 위스키, 한솔이! 내 유일한 안식처야.
니가 없으면 이 년 동안 난 어떡해!

한솔
나도 너 없으면 힘든 거 알지 미소야.
거기 가면 생명 수당 붙어서 월급을 세 배 많이 준대.

미소
생명 수당?

한솔
괜찮아. 안 죽어. 거기는 주변이 온통 사막이라
돈 쓸 데가 없어서 돈도 잘 모인대. 그래서 이 년 동안 돈 모으면
내가 계산해 보니까 5천만 원은 모이겠더라구.
거기서 대출금 다 갚고 남은 돈으로 너랑 살 집 구할 거야.

미소
난 지금이 더 중요해. 지금 니가 더 필요해.

한솔
미소. 내가 너 얼마나 사랑해?

미소
많이...

한솔

그래. 잘 아네. 근데 이대로는 안 돼. 우리에겐 집이 필요해.
내가 돈 벌어서 집 구할 거니까 조금만 참아.

미소

배신자.

한솔

이거 배신하는 거 아니야. 상상력을 발휘해보자구. 응?

미소

무슨 상상력을 발휘해?

한솔

옆에 있다고.

미소와 한솔은 매우 슬픈 얼굴이다.

62. 근사한 레스토랑 / 밤

고급스러운 레스토랑.
우아하고 기품 있게 차려입은 정미와 정미 남편, 중훈.
미소는 늘 입는 같은 코트를 입고 있다.
테이블 위에는 아주 큰 접시에 아주 작은 스테이크 한 덩이가
대조적으로 올려져 있는 그런 메뉴. 중훈은 속은 알 수 없지만,
매우 친절하다.

중훈

죄송해요. 진작 대접했어야 하는 건데.

미소

아니에요. 제가 사드려야 되는데... 실례가 많습니다.

정미는 남편의 스테이크를 다 잘라서 중훈의 자리에 놓고,
중훈의 자리에 있던 접시를 가져와서 스테이크를 썰고 있다.

정미

이거 드세요.

중훈

땡큐!

정미는 남편의 눈치를 많이 보는 느낌이다.

미소

근데 서빈이는 어쩌구...

중훈

저희 데이트하라고 장모님이 아기를 일주일에 두 번씩 봐주세요.
빨리 둘째 낳아야 된다고. 하하

정미

엄마가 옆 옆집에 사시거든. 얼마 전에 이이가 이사시켜줬어.
덕분에 우리가 아주 많이 편해졌지.

중훈

장모님이 계셔야 저도 마음이 편해서요. 하하.
우리 와이프랑 같은 대학 다니셨다고...

미소
네. 근데 전 중퇴했어요. 등록금이 비싸가지고...

중훈
아이고... 힘드셨겠네요. 큰 결정이었을 텐데...
근데 요즘 뭐 어디 대학이 대학입니까? 큰 가르침이 없잖아요.
돈만 갖다 박느니 사회일 빨리 시작하는 게
현명한 선택일 수 있죠.
(정미를 향해) 여보, 나 물.

정미가 서둘러 남편의 잔에 물을 따른다.

중훈
저희 와이프 대학 때 어땠어요?

미소가 곰곰이 생각해보더니,

미소
뜨거운 사람이었어요.

중훈은 놀란 눈을 하지만 금세 감추며.

중훈
오호~ 뜨거웠구나...

정미는 당황해서 짧지만 강하게 매의 눈으로 쏘아본다. 이를 보고 살짝
놀라는 미소.

미소
그리고... 기타를 잘 쳤어요.

중훈
오호~ 기타아?

정미
(남편을 향해) 재밌었어요.
(다시 미소 눈치를 보며) 그치?

미소
재밌었어요.

중훈
기타치고 뜨거우면 재밌죠.

놀란 정미와 알 수 없는 기류에 당황하는 미소. 중훈은 계속 웃음을
머금고.

중훈
그럼 지금은 무슨 일 하세요?

정미
어머, 나도 안 물어봤네. 내 정신 좀 봐.
애 낳고 건망증이 많아졌어.
그래 너 요즘 무슨 일 해? 가게 접었다는 소리는 들었는데.

미소
가사도우미 해요.

아주 잠깐의 당황과 정적이 지나가지만 금세 덮인다.
정미는 먹던 포크를 내려놓으며 표정에 안쓰러움이 가득 번진다.

정미

아... 정말?

곧 남편의 눈치를 보는 정미.

미소

우연히 하게 됐는데, 적성에도 맞더라.

중훈

존경스럽네요. 하하 배울 만큼 배우시고 그렇게 생각하고
행동하시기 쉽지 않잖아요. 요즘 다들 고연봉만 바라보는데...

정미

이 친구가 예술하는 친구라서 그런 거 신경 안 쓰거든요.

미소

예술?

정미

왜... 너 원래 자유로운 영혼이었잖아.

중훈

다 좋습니다. 하하 일단 먹으시죠. 먹어 당신도.

정미

아, 네. (미소에게) 일단 먹자.

미소

네. 이런 데 처음 와 봤어요.

중훈

그래요. 많이 드세요.

중훈이 외투를 주섬주섬 챙기며 일어선다.

중훈

담배 좀 피우고 올게요.

미소도 기다렸다는 듯이 벌떡 일어서며

미소

저도 같이 펴도 될까요?

중훈이 어이없는 웃음을 보이며.

중훈

그러시죠.

정미를 남겨두고 담배를 피우러 나가는 두 사람.
이를 바라보는 정미의 얼굴에 무언가 상당히 맘에 들지 않아 하는 게
드러난다.

63. 정미네 부엌 / 밤

부엌 냉장고에서 자신이 만든 수제 초콜릿을 꺼내 아일랜드 식탁에
두고 칼로 자르는 정미.
미소는 식탁 의자에 앉아 있다.

정미

솔직히... 충격받았어. 네가 지낼 곳이 필요하다고 했을 때,
좀 힘들구나 싶었는데... 이 정도일 줄은... 몰랐거든.

미소
뭐가?

정미

누가 봐도 안 괜찮은 상황인데, 너만 괜찮다고 그러네.
야, 너 아직 젊어. 꿈을 가지고 새로운 일을 구해보는 게
좋지 않을까. 가사도우미는... 나중에도 할 수 있잖아.

미소

가사도우미가 어때서. 난 누구 도와주는 일이 좋아.

한숨 쉬는 정미.

정미

아직 거기 사네 넌.

미소
어디?

정미
딴 세상.

미소의 미간이 찌푸려진다.

정미
딴 세상? 오케이. 다 같은 세상에 살 순 없지. 근데... 지금이야 딴
세상도 낭만적이지. 나중에 늙어서 어쩔 거야?

미소
늙어서? 늙어서... 계속 이대로...

정미
나는 진지하게 네가 걱정돼서 하는 말이야 미소야.
너 이제 서른 넘었지? 몇 년만 지나도 너 노산이야.
계속 그렇게 살면... 결혼은 언제 하고 애는 언제 낳아.
여자는... 결혼을 하고 애를 낳아야
여자로서의 삶을 완성하는 거라고 생각해.
이건 경험자로서의 말이야.

미소
난 결혼을 해야 돼서 하는 것보다 하고 싶을 때 하고 싶어.

정미
그래서 너 지금 행복해?

미소
응.

정미
미안한데, 난 니가 지금 행복하다고 하는 게 거짓말 같이 들려.

미소
내가 왜 거짓말을 해.

정미

인정하면 초라할까 봐. 아파도 인정해야 돼. 그래야 사람이
성장하지.

미소

언니 왜 자꾸 성장성장 거려!

정미, 또 긴 한숨을 쉰다. 그리고 예쁘게 썬 초콜릿을 접시에 담아
식탁으로 와서 미소 맞은편에 앉는다.

정미

너 아직도 담배 피우고.

미소

응.

정미

너 아직도 위스키 마시지?

미소

응. 어떻게 알았어?

정미

너 들어오면 냄새가 확 나니까 알지. 애기 키우는 집에
네가 그런 냄새 묻히고 오면 ... 아휴 너도 참 속 편하다. 니 집처럼.

미소

언니가 편하게 있으라고 그랬잖아.

정미

이것 봐. 니가 성장하지 않은 증거야. 넌 그대로잖아.
요즘 담뱃값도 올랐다던데, 집이 없을 정도로 돈이 없으면
독하게 끊었겠다. 나라면.

미소

언니가 사는 방식과 내가 사는 방식이 다르잖아.
내가 제일 좋아하는 게 남들에게는 그냥 술·담배라 나도 되게
아쉬워. 근데 난 걔들을 사랑해. 어떡해!

정미

어떡하지? 그 사랑 참 염치없다.

미소

뭐? 뭐가 없어?

정미

솔직히 말할게. 난 니가 염치없다고 생각해.
니가 제일 좋아하는 게 술·담배라는 것도 솔직히 한심하고,
그것 때문에 집도 하나 못 구하고 친구 집에 지내면서,
그걸 이해해주길 바라는 니가... 뭔가 잘못됐다는 생각 안 들어?

미소

난 나보다는 이 세상이 잘못됐다고 생각해.

정미 입이 떡 벌어진다.

미소

물론 나도 문제가 많지만, 누구나 장단점이 있다고 생각해.

정미

집이 아무리 넓고, 방이 아무리 남아돌아도 남이 집에 있으면
신경 쓰이는 법이야. 그걸 왜 너는 모르니.

미소

난 안 그러니까. 좁은 방에 친구가 와서 자도
그냥 반갑고 좋으니까.

정미

넌 가정이 없으니까 모르는 거야. 너 혼자만 살아봤으니까.

미소

…

정미

지금 너를 여기서 지내게 하는 게
너에게 도움 되는 게 아닌 것 같다는 생각이 든다.

정미가 급하게 일어나 어디론가 갔다가 지갑을 들고 다시 나타난다.
지갑에서 백만 원짜리 수표를 꺼내 준다.

정미

이거 보증금 보태서 얼른 방 구해라.
이걸로 내가 너한테 진 마음의 빚도 청산할게.
내가 폭력적이었다면 그건 사과할게. 응.

미소 당당하게 백만 원짜리 수표를 되돌려 주며.

미소

오만하긴.

64. 정미 집 앞 / 낮

집을 나오는 미소.

65. 재경 집 안 / 낮

고양이 밥그릇에 사료가 부어지자, 고양이가 사료를 먹는다.
재경의 빈집을 걸레질하고 있는 미소.

청소를 마친 미소가 소파에 앉는다. 소파가 편한지 자연스레 한숨이
나오고, 눈을 감는다.

Fade Out.

66. 재경이 집 안 / 밤

화면이 다시 밝아지면 미소가 소파에 잠들어 있다.
소파에 누워 자던 미소 얼굴에 빛이 떨어지자 눈이 부셔서
눈을 뜨는 미소.
자신이 여기서 잤다는 사실에 놀라 화들짝 놀래 부랴부랴
소파에서 일어나고.
거실 테이블에 앉아 면세점에서 사 온 담배와 양주를 마시며
미소를 보고 있는 재경이를 발견하고 놀라 소리를 지른다.

미소

재경아... 언제 왔어...

재경

그건 내가 묻고 싶네. 언제부터니?

미소가 소파에서 일어나며.

미소

아... 아까 청소하고 잠깐 앉았는데 잠이 들었나 봐.

재경

저 짐들은 뭔데?

미소

아 이거... 내가 지금 집을 정리해서....

재경

언제부터 여기서 잤어?

미소

아까 낮에 청소하다가 잠들었나 봐.
일부러 그런 것도 아니고 나도 모르게...

재경

그걸... 내가 어떻게 믿어?

미소

정말이야.

재경

나 예민한 거 알지?

미소
알지.

재경
나 내 물건 함부로 건드는 거 싫어하는 것도.

미소
나 아무것도 안 건드렸어.

재경
이 의자는!

미소
아... 미안...

재경
세상에 참 믿을 사람이 없네. 너 힘들다고 해서
기껏 신경 써 줬더니... 정말 정말 충격적이다.

미소가 재경이 테이블로 다가와 조심스럽게 앞에 앉는다.

미소
그래. 니가 그렇게 생각할 수 있다. 내 실수지만 네가 놀랄만해.
근데 네가 생각하는 불쾌한 일은 전혀 없었고, 정말...

재경
나 지금 술 오르니까 일단 나가 줄래?

미소는 더 이상 아무 말도 하지 못하고, 쓸쓸히 짐을 챙긴다.

미소

나 이제 오지 마?

재경

응.

미소가 짐들을 챙겨 나간다.

67. 커피숍 / 밤

늦은 밤 커피숍에서 창밖을 바라보는 미소.

68. 한적한 공단 앞 / 동틀 녘

양복을 입은 한솔이 큰 캐리어를 들고 서 있고, 미소가 그 옆에
늘 메고 다니던 배낭을 세워두고 서 있다.
한참 정적이 흐르고 한솔이 먼저 말을 뗀다.

한솔

2년 금방 지나가겠지?

미소

아마도?

한솔

왜 이렇게 힘이 없어. 무슨 일 있어?

미소

(힘내서 미소 지으며)

아니야. 아무 일 없어. 너 양복 입으니 근사하다.

한솔
회사에서 한 벌 뽑아주더라. 너 보여주려고 입고 왔지.

미소
(여전히 힘없이)
멋있다. 우리 한솔이...

미소가 무언가를 건넨다. 펜이다.

한솔
이게 뭐야?

미소
가서도 틈틈이 그리라구.

한솔
안 그릴 거야 이제. 열심히 버텨서 너랑 살 집 구할 거야.

미소
거기 생활을 웹툰으로 그리면 재밌을 것 같은데?

한솔
헛된 희망이야.

미소
그래도 혹시 모르니 가져가 봐.

한솔

기대는 하지 마.

선물을 받아 가방에 넣는 한솔.

운전사

한솔아 타라.

한솔

이제 가야겠다.

미소의 눈물을 닦아주고, 자신도 콧물이 나는지 콧물을 훔치고 버스에
오르는 한솔.
크게 팔을 흔들며 인사하는 미소.
한솔 버스에 올랐다가 다시 내려와 미소에 진한 뽀뽀를 한다. 버스
운전사가 재촉하자 그제서 뽀뽀를 그만두고 다시 버스에 오르는 한솔.
떠나는 버스에서 한솔의 목소리가 들린다.

한솔

졸라 사랑해.

버스가 떠나고 미소와 미소 배낭만 덩그러니 거리에 남는다.

69. 민지 빌라 / 밤

어두운 거실, 현관문 소리와 함께 미소가 어둠 속을 들어와서 스위치를
켜자, 밝아지며 거실에 앉아 있는 민지가 드러난다.
민지를 발견하고 깜짝 놀라는 미소.

미소
깜짝 놀랐어요.

민지
제 집이잖아요.

미소
이 시간에 뵌 적이 없어서...

민지
몸이 안 좋아서요.

미소
차 마실래요?

민지
네.

미소는 전기포트에 물을 데워서 차를 끓인다.

민지
제가 임신을 했는데요... 애 아버지가 누구인지를 모르겠어요.
제가 좀 헤퍼요. 그래서 벌 받나?

미소
(버럭하며) 그딴 말 하지 말아요.

민지

언니 제가 무슨 일 하는지 알아요?

미소

네.

민지

근데도 그렇게 말해요?

미소

네.

미소가 차를 두 잔 들고 민지가 있는 쪽으로 다가가 소파에 앉는다.

미소

따뜻한 거 드세요. 사람한테는 체온이 진짜 중요하거든요.

민지

고마워요. 언니는 꿈이 뭐에요?

미소

민지 씨는 뭔데요?

민지

옛날에는 배우가 꿈이었는데... 지금은 네일 샵 하는 거요.
사람 상대하는 것도 좋아하고, 손 만져주는 것도 좋아하고...

미소

다 예쁜 꿈들이네요.

민지

저 그냥 오빠들한테 다 임신했다고 말해서 돈 받아내려구요.
어차피 그 사람들 잘못 없는 거 아니잖아요.
저만 잘못한 거 아니잖아.
솔직히 잘못이라고 생각하지도 않구...
그 사람들 이거 푼돈일 거예요.
저는 제 삶이 달린 거구요. 눈 딱 감고 그냥 그럴래요.

미소

밥은 먹었어요?

갑자기 민지가 눈물을 흘리기 시작한다.

민지

아니오...

미소가 휴지를 찾아 민지의 눈물을 닦아준다.

미소

이럴 때 잘 먹어야죠. 밥도 안 챙기고 뭐하는 거에요.

민지가 꺼이꺼이 울며 말한다.

민지

나한테 잘해주지 마요... 이제 언니도 못 볼 것 같단 말이야....
이 집도 다른 스폰서가 해준 건데 일 그만두고 새 출발 하려면
제 형편에 맞는 곳으로 가야 되잖아... 미안해요. 언니.

미소

왜 나한테 미안해요. 전 민지 씨가 하고 싶던 일 한다니까 기뻐요.
못 볼 땐 못 보더라도 일단 우리 맛있는 밥 먹어요.
뭐 먹고 싶어요?

민지가 코를 시원하게 풀더니 미소를 바라본다.

민지

닭백숙.

미소

오케이.

<CUT TO>
식탁에 커다란 닭이 잘 삶겨져 올려져 있고, 각자의 밥공기에
밥이 한가득 퍼져 있다.
말없이 닭을 뜯는 민지와 미소. 민지는 계속 울면서 밥을 먹고 있다.

민지

언니...

미소

네.

민지

오늘 여기서 자고 가면 안 돼요? 혼자 있기 무서워요.

미소

네. 그럴게요.

그 말에 미소 짓는 미소.

<CUT TO>
불 꺼진 거실, 캐리어를 열어 한약 봉지를 꺼낸다. 이제 가방에
남아 있는 한약이 없는 것을 발견하는 미소.

미소

다 사라지네.

씁쓸한 표정의 미소.
돈 봉투를 확인한다. 돈이 꽤 모여 있다.

70. 100/ 30짜리 집 / 낮

단칸방에 창문이 없는 반지하 집.

부동산 아줌마

아이고 넓다 넓어. 세 명이서도 살겠네.

전혀 넓은 방이 아니다.

미소

창문이 없네요.

부동산 아줌마

창문만 없지 다 있잖아.

낡은 싱크대가 구석에 있는 게 다다.

미소
더 싼 데 없어요?

71. 100/ 25 짜리 집.

아까 본 방의 반 크기에 창문이 조그맣게 나 있다. 화장실이 침대
바로 옆에 칸막이로 붙어 있다.

부동산 아줌마
창이 좋네. 해가 짱짱하게 잘 들어오겠다.

미소
이거보다 더 싼 집...

부동산 아줌마
서울 땅에 이거보다 더 싼 집이 어디 있어? 수수료도 안 나오겠다.

미소
십만 원짜리 집은... 없겠죠?

부동산 아줌마가 미소를 째려본다.

72. 100/ 20 짜리 집.

정말 좁고, 낡고, 허름한 방. 싱크대도 없다.
말이 없는 아줌마가 팔짱을 끼고 먼 산을 보고 있다.

미소
여기가...

부동산 아줌마
이십. 이거 이하로는 아예 없어. 고시원보다 싸.

미소
네...

73. 산비탈 / 낮

집에서 나오는 미소와 부동산 아줌마.
미소가 인사를 꾸벅한다.

미소
웬만하면 여기로 할 것 같은데, 내일 계약하러 올게요.

부동산 아줌마
빨리 결정해야 돼. 이런 집도 후딱이야 후딱.

부동산 아줌마가 마티즈를 타고 휑하니 사라진다.
미소는 동네를 둘러보며 터덜터덜 비탈을 내려간다.

74. 코인 빨래방 / 밤

거대한 세탁기가 여러 대 놓인 빨래방. 미소가 세탁을 기다리고 있다.
말 없는 사람들이 각자의 빨래를 기다리거나 돌리는 풍경도
잠깐씩 보인다.
빨래가 다 되어 곱게 빨래를 개어 가방에 넣는 미소.

75. 위스키 바 / 밤

짐 가방을 들고 바 안으로 들어오는 미소.

오늘은 바 쪽에 사람이 가득 차 있다. 어쩔 수 없이 바 뒤에 배치된
테이블로 가서 앉는 미소.
곧 바텐더가 주문을 받으러 온다.

미소

글랜피딕 한 잔 주세요.

바텐더

저기... 근데...

미소

네.

바텐더

**위스키값이 전반적으로 올랐습니다. 이천 원씩.
가게 세가 올라서.**

미소

아... 여기도 드디어!

어딘가 한 방 맞은 표정의 미소. 잠시 멍하다 다시 허탈한 웃음을
짓는다.

미소

알겠어요. 한 잔 주세요.

바텐더

네.

곧 작은 글라스에 담긴 위스키가 나온다.
그것을 한 잔 마시는 미소. 알 수 없는 미소를 짓고 있다.

쓸쓸한 노래가 흐르기 시작한다.

76. 광화문 거리 / 밤

담배를 피우는 미소의 모습이 보인다.
눈이 내리고 있다.
하늘을 바라보는 미소.
그러다 화면에서 frame out 하면
미소가 배낭을 메고 캐리어를 끌고 어디론가 떠나는 모습이
한동안 비춰진다.

77. 몽타주 / 밤

눈 내리는 광화문 풍경.

문영이네 : 자신의 방에서 노트북과 계산기를 번갈아 가며 일하는
문영의 모습.
현정이네 : 키보드 앞에 앉아 키보드 건반 하나를 쳐보는 현정.
대용이네 : 혼자 미소가 해둔 반찬을 꺼내 밥을 먹는 대용.
냉장고에는 미소의 편지가 붙어 있다. <이 또한 지나가리라 - 미소>
록이네 : 록이 모가 혼자 소주를 마시고 있고, 록이가 그 옆에서
기타를 쳐 주고 있다.
정미네 : 베란다 탁자에 앉아 사진을 보며 몰트위스키를 마시는 정미.
안경을 벗는다. 정미가 보고 있는 사진에는 그들의 밴드 시절 모습이
보이고, 마지막에는 미소의 독사진이 보인다.

미소 / 밴드 매니저
머리에 고깔모자를 쓰고 새치 없이 검은 머리로
한껏 웃고 있는 모습.
미소 앞에는 수십 개의 양주잔으로 만든 양주 케이크가 있고,
한 잔을 입으로 물고 마시는 미소의 기분 좋은 얼굴이
잘 포착되어 있다.

화면 암전.

78. 장례식장 앞 / 낮

장례식장 앞 주차장.
장례식장에서 우르르 나오는 문영, 현정, 대용, 정미가 아메리카노를
마시고 있다. 모두 검은색 옷을 입고서.
대용이 차 앞에 서자 모두 일제히 그곳에 멈춰 선다.
문영이 작은 종이 가방에서 카드를 꺼내 한사람씩 건넨다.

문영
안 그래도 너희한테 어떻게 주나 했는데, 잘 됐다.
이렇게 한 번에 볼 기회가 생겨서.

현정
야, 너 좆된 거야. 엄마한테 잘해. 아님 맨날 운다.

정미
축하해. 준비하느라 힘들지?

문영
다들 이 힘든 걸 어떻게 하고 결혼했니?

대용

지금도 늦지 않았어. 도망가.

그리고 '미소'라고 적힌 카드가 쇼핑백 안에 남는다.

문영

미소는 안 왔어?

정미

응. 안 보이더라.

문영

얘도 참... 결혼식은 몰라도 문상은 꼭 와야지...

현정

넌 남 탓 좀 그만해. 미소 핸드폰 정지당해서 당분간 연락
안 된다고 몇 달 전에 연락 왔어. 그래서 연락을 못 받았을 거야.

정미

폰이 정지당했다고? 정말 걱정이다 걱정.

이때 상복을 입은 록이 달려온다.

록이

와줘서 고맙다. 정말 오랜만에 보네. 이제는 누가 죽어야지
이렇게 다 모이는 구나.

정미

괜찮아요, 오빠?

록이
안 괜찮지. 그래도 호상이니까.

문영이 얼른 록이에게 청첩장 카드를 건넨다.

문영
이런 데서 주기 뭐하지만, 그래도 만났을 때 주려고.

록이
괜찮아. 만났을 때 줘야지.
근데 너희 부조금 왜 이렇게 많이 냈어?

현정
그걸 벌써 봤어?

록이
정말 많이 냈어?

문영
정미가 좀 많이 내고, 우리도 노력 좀 했지.

록이
고맙다. 근데, 너희 미소랑 연락돼?

현정
폰이 끊긴 것 같아.

문영
사정이 정말 힘든가 보네.

정미

나아지면... 연락되겠지.

현정

무슨 일 있는 건 아닌지 몰라.
사는 게 바빠서 잘 못 챙긴 게 맘에 걸리네.

정미

별일 없을 거야. 걔도 좀 안정을 찾고 맘에 여유가 생기면
다시 연락될 거야. 다 시기란 게 있는 거니까.

현정

야 그냥 못 도와주면 미안하다고 그러고 살자.

록이

문영이도 이 차 타고 가니?

문영

응. 다 지난 일인데 뭐.

정미

쿨해서 좋다.

록이

그래. 우리도 나이 들었는데 자주 보고 살자.
이참에 자전거 동호회 한번 만드는 거 어때?

문영

좋지. 나 안 그래도 요즘 바이시클에 관심 많거든.

정미

그래. 서로 다시 뭉쳐야지. 같이 늙어가는 처지에...

대용

형, 끝까지 못 있어 줘서 죄송해요.

록이

그래. 그런 건 미안해해야 돼.

문영

오빠 잘 추슬러. 갈게.

모두 인사를 나누고 대용의 차가 장례식장을 빠져나간다.
현정, 정미와 록은 장례식장 안으로 들어간다.

79. 차 안 / 낮

차 뒷자리 창문 너머로 서울의 빌딩들과 아파트들이 점프로 보인다.
(인물 안 나옴. 시점 샷 아님)

그러다 자유로에서 빠져나와 상암 도로 옆 보행자 길로 백발의 머리를
한 여자가 지나가는 게 보인다.

80. 동호대교 / 낮

담배를 피우며 동호대교를 지나가는 백발의 여자가 어렴풋이 보인다.

81. 아무 집 / 낮

청소하는 백발의 여자 뒷모습이 보인다.

82. 위스키 바 / 밤

바에 가득 찬 사람들이 즐겁게 술을 마시고 있다. 그 너머로
백발의 여자가 혼자 위스키를 마시는 뒷모습이 보인다.
카운터에서 계산하는 백발 여자의 손이 보인다.
지갑 안에는 현금이 두둑이 들어있다.
계산을 끝내고 나가는 여자의 뒷모습.
백발의 긴 머리를 찰랑거리며 사라진다.

83. 자유로 / 밤

차가 쌩쌩 달리는 자유로.
그 옆에 개발이 되지 않은 작은 땅이 보인다.
그리고 그 중간에 쌩뚱맞게 쳐진 텐트 하나가 보인다.
바람이 불자 텐트가 휘청이고, 텐트 위로는 비행기 한 대가 지나간다.
화면이 점점 넓어지면서 차들 사이로 위태롭게 보이는
텐트의 풍경이 멀어진다.

84. 텐트 안 / 밤

작은 조명등이 켜진 텐트 안이 나름 아늑하게 꾸며져 있다.
텐트에 한쪽 벽면에 한솔이 직접 그린 그림엽서들이 빨래집게에
걸려 있고,
엎드려서 백발을 한 미소가 행복한 얼굴로 한 손에는 담배를
한 손에는 촛불을 든 채 편지를 쓰고 있다.
타고 있는 촛불은 꺼지지 않고.
편지 봉투가 화면에 잡히면 영어로 주소를 적는 미소의 손이 보인다.

TO. ...... HanSol 한솔.
FROM. South Korea, Seoul.....

미소의 손은 계속 주소를 써나가지만 화면에는 촛불에 일렁거리는 Seoul까지만 보인다.

그리고 암전.

소공녀

전고운 시나리오집

초판1쇄 발행 2018년 4월 25일
초판2쇄 발행 2020년 1월 31일
지은이 전고운
펴낸이 이금림
편집 윤군석, 정숙경
디자인 공미경
관리 허수지

펴낸곳 비단숲
서울시 중구 동호로 195-15 4층
전화 070-4156-0050 팩스 02-333-1038
등록 제2016-000288호

ISBN 979-11-88028-22-1 03680